1 MONTH OF
FREE
READING

at
www.ForgottenBooks.com

By purchasing this book you are eligible for one month membership to ForgottenBooks.com, giving you unlimited access to our entire collection of over 1,000,000 titles via our web site and mobile apps.

To claim your free month visit:
www.forgottenbooks.com/free415842

ISBN 978-0-332-44877-0
PIBN 10415842

THE SPANISH READER
AND TRANSLATOR

BY

MIGUEL T. TOLÓN

PROFESSOR OF MODERN LANGUAGES
AND SPANISH LITERATURE

NEW EDITION

*Thoroughly revised, and the orthography
arranged according to the latest rules
of La Real Academia Española*

NEW YORK
D. APPLETON AND COMPANY
1899

PREFACE.

THE exercises contained in this book are arranged in a progressive order: the first lesson is written in the plainest and easiest form of Spanish construction, while the last has something of the high and difficult style of our classical authors. Thus this small book may be considered as an appropriate introduction to any of those larger volumes now admitted as " Readers " and " Translators."

Each lesson will be found to offer a particular succession of exercises on a given theme of etymology and syntax. The first lesson, for instance, shows the various accidents of the Spanish definite article; the second lesson, those of the indefinite article as well as those of the former; the third lesson exhibits the mechanism of the formation of plurals, and so on through the whole series of exercises.

The end proposed in the preparation of this book required the addition of a particular vocabulary to each lesson, on a plan which shall not only facilitate the learning of quite a numerous catalogue of words and phrases, but relieve the pupil from the trouble and loss of time unavoidably attending the use of large dictionaries, and which, also, are not calculated to assist beginners in their first attempts to translate.

The orthography of this book is the same as that lately established by the Royal Academy of Madrid.

PREFACIO.

Estos ejercicios están arreglados en orden progresivo : la.primera lección está escrita en la forma más sencilla y fácil de construcción española, mientras la última tiene algo del elevado y difícil estilo de nuestros autores clásicos. Así pues este pequeño libro puede considerarse como adecuada introducción á cualquiera de los volúmenes más completos admitidos hoy como " Libros de Lectura " y de " Traducción."

En cada lección se encontrará una serie especial de ejercicios sobre un tema dado de etimología y sintaxis. Por ejemplo, la primera lección da á conocer los diversos accidentes del artículo definido en castellano ; la segunda, los del artículo indefinido así como los del anterior ; la tercera enseña el mecanismo de la formación de los plurales, y de éste modo en toda la serie de ejercicios.

El fin propuesto en la preparación de este libro requería la adición de un vocabulario particular para cada lección, conforme á un plan que no sólo facilitará aprender una larga lista de palabras y frases, sino que librará al discípulo de la inevitable molestia y pérdida de tiempo anejos al uso de voluminosos diccionarios, que no sirven de ayuda á los discípulos en sus primeros esfuerzos para traducir.

La ortografía de este libro es la establecida últimamente por la Real Academia de Madrid.

CONTENTS.

8 CONTENTS.

LIBRO DE LECTURA.

LECCIÓN PRIMERA.

LA CREACIÓN.

DIOS es el autor de todo lo que vemos. En el principio creó el cielo y la tierra, separó la luz de las tinieblas, é hizo el firmamento; y separó las aguas que estaban debajo del firmamento, de las aguas que estaban sobre el firmamento. Después creó el sol y la luna, los planetas y los animales, y por fin[1] al hombre y á la mujer. Nadie viviría sin el aire y el agua. El día es hijo del sol; y durante la noche vemos la luna y las estrellas.

Las piedras crecen en la tierra, sin raíces: las plantas crecen también sobre la tierra, pero tienen raíces, tronco, vástagos, ramas y hojas, que luego producen flores, fruto y semilla. Los peces nadan en el agua; los pájaros vuelan por los aires;[2] los reptiles se[3] arrastran, y los animales que tienen cuatro patas viven sobre la tierra, y algunos de ellos corren con mucha ligereza. El hombre está creado á semejanza de Dios, y es el rey de la tierra.

Los mundos de luz que giran en el espacio: la inmensidad de los mares: el águila que se pierde[4]

en las nubes, el insecto que no[5] vive sino un día en
la hoja del arbusto, todo prueba la grandeza infinita
y la omnipotente sabiduría de Dios.

[1] *Por fin*, literally *by end*, "finally."—[2] *Atres* should be trans-
lated in the singular, "air."—[3] Omit this word *se* (meaning *them-
selves*) in the translation.—[4] *Se pierde*, literally *loses itself*, means
"is lost sight of."—[5] *No* should be omitted in the translation.

LECCIÓN SEGUNDA.

LA MAÑANA DE PRIMAVERA CUBANA.

UNA mañana de Abril, en un país tan bello como
la isla de Cuba, es uno de los cuadros de la natura-
leza, en que el hombre puede contemplar con más
admiración la grandeza del divino creador.

Más de una vez[1] sentado sobre una alta peña de
un monte que se levanta á unas[2] cincuenta varas sobre
la orilla de un río de mansas aguas, he admirado ese
espectáculo que nos inspira[3] adoración al autor omni-
potente, señor de los cielos y de la tierra.

Á la hora del alba,[4] la parte oriental del hori-
zonte empieza á tomar un bello color de rosa[5] que
luego se cambia en brillante púrpura; y por fin se
levanta el sol entre nubes de oro, con la majestad de
un rey cuyos dominios son la inmensidad del espacio.
El primer rayo de su luz refleja en la cumbre del
monte: despúes en las aguas del mar, allá lejos; en
las ondas del río; en el bosque, en el valle, y en la

gota de rocío que tiembla sobre la hoja de la flor y brilla como una perla.   Los pájaros saltan de rama en[6] rama y cantan alegremente: los rebaños, saliendo del aprisco, se desbandan por el prado, y corren y triscan, llenos de contento: enjambres de mariposas de mil colores, pueblan los aires y vuelan en torno de las flores; hasta[7] el mas humilde insecto manifiesta su alegría; toda la naturaleza sonríe plácidamente al despertar[8] de su sueño.   El movimiento, el bullicio, la vida, suceden al reposo y al silencio de la noche.

Un humo azul empieza á elevarse sobre el techo de la humilde cabaña del habitante del valle, y gira lentamente, impelido por la blanda brisa de la mañana.   El labrador unce su yunta al arado, y se prepara diligentemente para la diaria faena de su vida.

Allá lejos, el campanario de la modesta iglesia de la aldea se levanta entre los árboles que crecen alrededor de ella.   Si es un día de fiesta, se oye el tañido de la campana que llama á los fieles al templo, y el solemne son[9] es repetido por el eco de los montes que rodean el valle.   Los hombres religiosos se postran entonces ante el señor del universo y reconocen que son sus humildes criaturas y que á él deben[10] todo lo que poseen y gozan en la tierra.   T.

---

[1] *Más de una vez,* literally "more of one time"; translate "more than once."—[2] *Á unas,* "about some."—[3] *Nos inspira adoración:* "inspires us *with* adoration."—[4] *Á la hora del alba,* literally "at the hour of the dawn," translate "at dawn."—[5] *Color de rosa,* literally "color of rose," rosy color.—[6] *De rama* EN *rama;* en should be translated *to.*—[7] *Hasta,* even; but its common meaning is that of *till, until, as far as.*—[8] *Al despertar,* "on awaking."—[9] *Son,* sound; this is a word

quite different from *son*, "they are," from the verb *ser*, "to be."—
[10] *Y que á él deben*, literally "and that to him they owe"; translate
"and that they are indebted to him for."

LECCIÓN TERCERA.

BONDAD DE DIOS.

LAS innumerables multitudes de criaturas que
habitan la tierra, el aire y las aguas, reciben diaria-
mente de la naturaleza su subsistencia. Aun los
animales que nosotros mismos alimentamos deben
propiamente á ella su sustento. Las varias especies
de peces subsisten sin la ayuda del hombre. Los
bosques producen bellotas; en las montañas crecen
diferentes clases de hierbas, y los prados abundan en[1]
simientes alimenticias, sin necesidad del trabajo hu-
mano. Entre los pájaros, los más despreciables y
que componen al mismo tiempo la tribu más nume-
rosa, son los gorriones, cuyo número es tan prodi-
gioso que el producto de todos los campos de un gran
reino no bastaría para su subsistencia durante el
término de un año; pero la naturaleza provee de su
inmenso almacén lo que es necesario para ellos. El
número de insectos es tan inmenso que muchos siglos
pasarán antes que todas sus especies sean conocidas.
¡Cuán numerosas son las moscas, y cuántas diferentes
especies de insectos pueblan los aires! La sangre
que algunos de ellos extraen de nosotros es sólo un

alimento accidental para esos animales, pues podemos contar por cada insecto que se alimenta de esta manera, millones de ellos que jamás han probado una sola gota de sangre, ya humana ó de cualquiera otro animal. ¿ De qué, pues, viven estas criaturas? Apenas hay un puñado de tierra que no contenga millares de insectos que se alimentan en él. En cada gota de agua podemos descubrir criaturas vivientes, cuyos medios de existencia y multiplicación son inconcebibles.

La naturaleza es tan inmensamente rica en criaturas animadas, como fecunda en los medios de alimentarlas. Cada criatura recibe de ella el alimento más adaptable á su clase. Aquí está claramente manifiesto el poder del Omnipotente, que hace lo que todos los hombres de la tierra juntos[2] no podrían llevar á cabo.[3] Recordemos la multitud de seres que él ha creado y sustenta diariamente. Las aves del aire, las fieras del desierto, los peces de los mares y ríos, y los millones de seres vivientes que no dependen del[4] cuidado del hombre, nos enseñan á vivir contentos. Admiremos y adoremos la divina sabiduría y la bondad inmensa del Creador!

---

[1] *En* should be translated "with."—[2] *Juntos*, "united," "together."—[3] *Llevar á cabo*, literally "to bring to end"; that is, "to accomplish."—[4] *Del* should be translated "on the."

LECCIÓN CUARTA.

LA ISLA DE .CUBA·

La Isla de Cuba es la más grande, más floreciente é importante de todas las Antillas. Fué descubierta por CRISTÓBAL COLÓN, el veintiocho de Octobre de mil cuatrocientos noventa y dos. Primeramente se llamó *Juana,* en honor del príncipe Juan, hijo de los Reyes Católicos, Fernando é Isabel; después *Fernandina,* en memoria del primero[1] de estos monarcas; y últimamente reasumió el nombre de CUBA, que era el usado[2] por los indígenas al tiempo de su descubrimiento.

Su figura es larga y angosta, aproximándose á la de una medialuna, cuyo lado convexo mira hacia el polo ártico. Está situada á la entrada del Golfo de Méjico, entre Florida y la península de Yucatán. La distancia desde el cabo de San Antonio, que es la extremidad más occidental de la Isla (en latitud septentrional de veintiún grados y cincuenta y cuatro minutos, y longitud occidental de ochenta y cuatro grados, cincuenta y siete minutos y quince segundos), á la extremidad más oriental de Yucatán, es de[3] ciento veinticinco millas. De Punta de Hicacos, extremidad septentrional de Cuba (en latitud de veintitrés grados y diez minutos, y longitud occidental de ochenta y un grados, once minutos y cuarenta y cinco segundos), á Cabo Tancha, extremidad meridional de Florida, es de ciento treinta millas. De Punta de Maisí, extremidad oriental de Cuba (en latitud septentrional de veinte grados, dieciseis minutos, y cincuenta y tres segundos; y longitud occidental de setenta grados, siete minutos, y cincuenta y tres segundos) al Cabo San Nicolás, en Haití, cuarenta y nueve millas; y del Cabo Cruz, en Cuba, extremidad meridional, á Montego-bay, en Jamaica, cerca de[4] noventa y cinco millas.

La mayor extensión de la Isla, siguiendo su línea curva, es de ochocientas millas, poco más ó menos: su anchura, que es muy irregular, varía desde[5] veinticinco hasta[6] ciento treinta millas. Su área es de cerca de cuarenta y tres mil cuatrocientas millas inglesas.

Los censos oficiales de la Isla de Cuba son muy inexactos; pero todos los que conocen á fondo[7] aquel país calculan, muy acertadamente, que su población consiste de un millón y pico de habitantes, cuya tercera parte son individuos de color.[8]

La Habana es la capital de la Isla, y su población asciende á cerca de doscientas cincuenta mil almas. Las otras ciudades principales son Puerto-Príncipe, en el Departamento Central; Santiago de Cuba, en el Oriental, y Matanzas, en el Occidental.   T.

[1] *El primero*, "the former," though it means commonly "the first."—[2] *El usado*; literally "the used"; translate "that in use."—[3] *De* should not be translated.—[4] *Cerca de*; literally "near to" or "of"; translate "about."—[5] *Desde*, here it means "from."—[6] *Hasta*, translate "to."—[7] *Á fondo*; literally "to the bottom"; translate "thoroughly."—[8] *De color*, literally "of color"; translate "colored."

LECCIÓN QUINTA.

CLIMA DE CUBA.

El clima de la Isla de Cuba es bellísimo: allí no son conocidos los rigores del invierno; y, aunque el calor es grande en el verano, la brisa del mar durante el día, la de tierra por la noche[1] y las copiosas lluvias del estío, purifican y refrescan la atmósfera. Un cielo siempre muy claro, de un purísimo color azul, cubre aquel suelo de eterna verdura y prodigiosa fertilidad. Sus inmensas selvas, abundantes en maderas preciosas y de construcción; sus feraces praderas cubiertas de[2] excelente pasto durante la mayor parte del año; la abundancia de riquísimas y saludables frutas y raíces que sus campos producen casi sin necesidad de cultivo; la variedad de aves indígenas y de paso[3] que pueblan sus bosques siempre en flor; los minerales de varias clases que se encuentran en las entrañas de aquella tierra, y los numerosos ríos que la riegan y fertilizan—todo en ese país ofrece al hombre los más eficaces medios de emplear su trabajo con menores fatigas y mejor éxito que en otras regiones; y al mismo tiempo las mayores comodidades y placeres de la vida.

Cuba no tiene los hielos del norte, sino una primavera perpétua; ni está sujeta á los terremotos ó á las inundaciones: ni hay fieras, ó animales venenosos en sus campos; ni volcanes, ni avalanchas que pongan en peligro la vida de sus habitantes.

Los huracanes que de tiempo en tiempo[4] azotan

y arruinan las Antillas, se experimentan rara vez[5] en Cuba; y cuando esto sucede, no son nunca tan horrorosos como en las otras islas.

Los principales ramos de riqueza pública de Cuba son el azúcar, el café y su excelente tabaco, que no tiene rival en el mundo.

Una ilustrada autora Americana ha dado á Cuba el nombre de " Reina de las Antillas " y al Misisipí el de " Rey de los Ríos." T.

[1] *Por la noche*, literally "by the night"; translate "in the night-time."—[2] See note 1st of Lesson III.—[3] *Aves de paso*, "passage birds."—[4] *De tiempo en tiempo;* see note 6 of Lesson II.—[5] *Rara vez*, literally "rare time"; translate "seldom."

LECCIÓN SEXTA.

NOTAS BIOGRÁFICAS.

TALES DE MILETO, uno de los Siete Sabios de la Grecia, oriundo de Fenicia, descendiente de Cadmo, é hijo de Agenor, nació en el primer año de la Olimpiada trigésima-quinta, y murió en la quincuagésima octava, á la edad de noventa y dos años.

SOLÓN, uno de los más célebres filósofos y legisladores de los tiempos antiguos, nació en Salamina, el tercer año de la trigésima quinta Olimpiada: fué pretor de Atenas en la cuadragésima quinta, y murió al principio de la quincuagésima quinta, siendo de edad[1] de setenta y ocho años.

2

PITÁGORAS floreció en la sexagésima Olimpiada: fué á Italia en la sexagésima segunda, y murió en el cuarto año de la septuagésima, á los ochenta de su edad.[2]

HERÁCLITO, natural de Efeso, hijo de Bion, florecía en la Olimpiada sexagésima nona y murió á la edad de sesenta y cinco años. Heráclito lloraba continuamente, lamentando los males del mundo.

DEMÓCRITO, el filósofo que siempre reía de los males del mundo, nació en Mileto, en el tercer año de la septuagésima séptima Olimpiada, y murió en el cuarto de la centésima quinta, habiendo vivido hasta[3] la edad de ciento y nueve años.

SÓCRATES nació en el último año de la Olimpiada septuagésima séptima, y murió envenenado por la cicuta (á cuya pena fué condenado) en el primero de la nonagésima quinta, siendo ya septuagenario.

PLATÓN, apellidado el *Divino*, nació en el año primero de la octogésima octava Olimpiada y dejó de existir en el año, también primero, de la centésima octava, contando[4] el octogésimo primo de su vida.

ARISTÓTELES, fundador de una célebre escuela de dialéctica, nació en el año primero de la nonagésima nona Olimpiada, y murió en el tercero de la centésima decimacuarta, habiendo vivido sesenta y tres años.

DIÓGENES, nacido en el tercer año de la Olimpiada nonagésima prima, murió en el primero de la centésima décima cuarta, á la[5] de noventa y un años.

EPICURO, que nació en el año tercero de la centésima nona Olimpiada, murió en el segundo de la centésima vigésimaséptima, siendo de edad de setenta y dos años. **T.**

[1] *Siendo de edad;* literally "being of age"; translate "at the age."—[2] *Á los ochenta de su edad;* literally "at the eighty (years) of his age"; translate "in the eightieth year of his age."—[3] *Hasta,* "to."—[4] *Contando,* "counting"; translate "being then in."—[5] *Á la; edad* is understood.

LECCIÓN SÉPTIMA.

ACCIÓN MAGNÁNIMA.

HABIENDO un caballero español dado muerte á un joven moro noble de Granada, en un duelo, huyó ínmediatamente de la justicia. Persiguiéronle con mucho empeño; pero él, aprovechando una vuelta del camino, saltó sin ser[1] visto la tapia de un jardín y entró en él. El dueño, que también era un moro, se hallaba á la sazón[2] paseando en el jardín, y el Español se puso de rodillas[3] ante él, contó lo que le había sucedido y pidió al Moro que le permitiera ocultarse. El Moro le escuchó con lástima y le prometió generosamente su protección. Ocultóle entónces en un cenador, y allí le dejó, asegurándole que á la hora de la medianoche[4] le proporcionaría los medios de la fuga.

Pocas horas después trajéronle al moro el cadáver de su hijo, y por las señas[5] que le dieron del matador, conoció que no era otro que el Español que tenía oculto en el jardín. Disimuló el horror que esto le causó, y, retirándose á su aposento, permaneció allí hasta medianoche. Á aquella hora se dirigió secretamente al jardín, abrió la puerta del cenador, y habló al caballero español en los términos siguientes: "Cristiano, el joven á quien has dado muerte en un duelo era mi único hijo, mi único amor, mi única esperanza; debería tomar venganza de[6] tí; pero he empeñado solemnemente mi palabra de honor contigo y debo salvarte." Entonces llevó al Español á las caballerizas y le presentó una de sus más ligeras mulas. "Huye!" le dijo; "huye mientras las sombras de la noche te encubran: tus manos están manchadas de sangre; pero Dios es justo; y yo le doy[7] gracias humildemente porque mi conciencia queda inmaculada, y porque dejo tu castigo á su divina y suprema justicia!"

[1] *Sin ser,* "without being."—[2] *Se hallaba á la sazón,* literally "found himself at the season"; translate "happened to be at that time."—[3] *Se puso de rodillas,* literally "put himself of knees"; translate "fell on his knees," or "kneeled."—[4] *Á la hora de la media noche;* see note 4, Lesson II.—[5] *Por las señas,* literally "by the signs"; translate "by the description."—[6] *De,* "on."—[7] *Yo le doy gracias,* literally "I him give thanks"; translate "I thank him."

LECCIÓN OCTAVA.

LOS PURITANOS.

Los primeros fundadores ó plantadores de la Nueva Inglaterra, que es una porción riquísima de los Estados-Unidos de América, fueron una partida de Puritanos nacidos en Inglaterra, quienes disintiendo de las doctrinas de la Iglesia Anglicana, y siendo perseguidos por sus opiniones religiosas, buscaron en una tierra extranjera aquella libertad de conciencia que su país propio les negaba. En mil seiscientos ocho emigraron á Holanda, y allí permanecieron once años, viviendo en grande armonía, bajo la dirección de su excelente pastor, Juan Robinson. Pero al fin de aquel período, su celo religioso, combinado con el deseo de mejorar su condición temporal, los indujo á emprender una emigración más lejana. Sin embargo de que[1] habían sido expulsados de sus hogares por la tiranía, amaban todavía á Inglaterra y deseaban conservar su lengua nativa y vivir bajo el gobierno de su país natal. Estas y otras razones los indujeron á buscar un asilo en las regiones, todavía casi desconocidas y desiertas de la América. Formando entonces compañía con algunos hombres de negocios de Londres, obtuvieron dos buques; el uno llamado *Mayflower* y el otro *Speedwell*. En éste se embarcaron en Delf-Haven todos los que pudieron acomodarse,[2] y salieron para Southampton donde encontraron á la Mayflower con los de la Compañía de Londres. Robinson y el resto de los Puritanos (que componían el cuerpo principal) habían de quedarse en Leyden, hasta que se formase un establecimiento en América.   Después de muchas dilaciones fué necesario abandonar la Speedwell como inservible para el mar,[3] y la Mayflower se hizo á la vela[4] en Plymouth el día dieciseis[5] de Septiembre de mil seiscientos diecinueve, llevando á bordo solo ciento y un pasajeros.

Al cabo de un largo y peligroso viaje descubrieron, (el día diecinueve del mes de Noviembre) las áridas y desiertas costas del Cabo Cod; y el veintiuno anclaron en la bahía del mismo nombre.

Por último, después de grandes fatigas, desembarcaron los peregrinos en la Bahía de Plymouth, y allí establecieron la primera colonia de donde han nacido estados tan ricos, tan libres y felices como los que componen la Nueva Inglaterra.

El veintiuno de Diciembre (que corresponde al once de Diciembre del antiguo calendario inglés) es el día que debe celebrarse en conmemoración de este importante suceso, como aniversario del desembarque de los " Padres Peregrinos."

El primer Gobernador de la colonia fué el excelante Puritano JUAN CARVER.

---

[1] *Sin embargo de que,* "notwithstanding that," omitting *de* in the translation.—[2] There is a transposition in this sentence : for an easier translation arrange it thus : *todos los que pudieron acomodarse se embarcaron en éste* (*buque,* understood) *en Delft Haven.*—[3] *Inservible para el mar,* literally "unserviceable for the sea"; that is, "unseaworthy."—[4] *Se hizo á la vela,* literally "she made herself to the sail"; translate "she set sail" or "sailed."—[5] *El día dieciseis,* "the day sixteen"; that is, "the sixteenth day."

LECCIÓN NOVENA.

LA HIERBA.

Aunque las flores que la industria del hombre cultiva en los jardines son extremadamente bellas, sabríamos poco del reino vegetal si limitáramos nuestra atención á contemplarlas. Cada campo es la maravillosa escena de las obras de Dios, y reclama igualmente nuestra atención. ¿Puede haber alguna cosa más admirable que la gran cantidad de hierba que crece en una pradera? Para convencernos del prodigioso número de espigas de hierba, solo necesitamos contar las que crecen en un espacio dado, y pronto conoceremos su fertilidad superior á la de[1] todas las otras plantas. Y todo esto para la subsistencia de varias especies de animales, cuyos graneros, podemos decir propiamente, son los campos y praderas.

Otra gran ventaja que ha de considerarse[2] en la hierba, es el poco cuidado que requiere en su cultivo; y que crece y se perpetúa, independiente de las trabajos del hombre. Desde que la Omnipotente palabra de Dios dijo: "Que la tierra produzca[3] hierba, y la hierba dé[4] semilla," nuestros campos han sido siempre fértiles, y no hemos conocido carencia de hierba. Su color es también el más grato; porque ¿quién podría resistir el reflejo deslumbrador del blanco, ó del rojo? Si el color universal fuese[5] más obscuro ¡qué tenebrosa y triste sería la faz de la naturaleza! Pero el bondadoso Criador no quiso[6] ni perjudicar nuestra vista con colores que nuestros

ojos no podrían soportar, ni causarnos pena con[7] las
sombras de la obscuridad; por[8] el contrario, ha ves-
tido los campos con[9] colores que vigorizan la vista, y
agradan por su diversidad; porque tal es la diferen-
cia de sombra, que rara vez[10] pueden encontrarse dos
espigas[11] del mismo tinte de verde exactamente.[12]
Dios no ha proveído menos á[13] nuestro placer que á
nuestro provecho, y las pruebas se presentan donde
quiera á nuestra observación; no pasemos nunca por
delante de ellas[14] con indiferencia, sino empleemos
nuestra razón en descubrir la sabiduría y la bondad
de Dios en todas sus obras.

[1] *Á la de*, "to that of."—[2] *Que ha de considerarse*, literally
"which has of being considered"; translate "to be considered."
—[3] *Que la tierra produzca*, "let the earth bring forth."—[4] *Dé*, lit-
erally "let give"; translate "yield."—[5] *Fuese*, literally "would
be"; translate "were."—[6] *No quiso*, "would not."—[7] *Con*, "with,"
translate "by."—[8] *Por*, "by" or "for"; translate "on."—[9] *Con*,
"with"; translate "in."—[10] *Rara vez*, literally "rare time"; trans-
late "seldom" or "scarcely."—[11] It is necessary to invert the order
of this sentence, thus: *Que rara vez dos espigas pueden encontrarse
del mismo tinte de verde exactamente*, and the translation will be
easy.—[12] *Pueden encontrarse*, "can be found."—[13] *Á*, "to"; trans-
late "for."—[14] *No pasemos nunca por delante de ellas*, literally "Not
let us pass never by before of them"; translate "May we never
pass them."

LECCIÓN DÉCIMA.

LOS ÁRBOLES DE LA SELVA.

EN una hermosa selva de árboles de diferentes
especies, había varios que conversaban[1] un día sobre

su[2] belleza particular, uso, vigor, tamaño y otras cualidades. Unos se jactaban de una cosa y otros de otra.

Uno de los más altos y más hermosos árboles dijo orgullosamente: "¿Cuál de Vds.,[3] amigos míos, es tan alto y tan fuerte como yo? Yo soy el árbol más majestuoso de[4] la selva." Otro dijo: "¿Quién de Vds. es tan fuerte como yo? Yo he resistido á la tormenta[5] por muchos años, y ella[6] no ha podido doblarme ni derribarme. Yo soy el árbol más fuerte de la selva.[7] Un tercero dijo: "¿Quién de Vds. es tan gentil como yo? Mis ramas se mecen con la brisa, de[7] la manera más elegante. Yo soy el árbol más gentil de la selva." Otro dijo: "Todos Vds. pueden jactarse[8] de su tamaño, fuerza y elegancia, pero cuando el invierno los[9] despoja de su verdura ¡cuán desnudos y miserables parecen Vds., mientras que[10] yo estoy vestido de perenne verde! Yo soy el único árbol digno de mirarse! Yo soy el árbol más brillante y más inmarcesible de la selva."

Mientras estos orgullosos árboles hablaban así,[11] tratando cada uno de[12] aparecer mejor que los otros, vino el amo de la selva, con su hacha, para marcar algunos árboles que quería derribar.[13] El alto, el fuerte, el gentil y el siempre-verde, todos fueron escogidos, y dentro de una hora, derribados y cortados para diferentes usos.

De esta manera[14] veis cuán vana cosa es jactarse de cualesquiera cualidad que poseamos; porque, así como aquellos jactanciosos árboles, no tenemos poder para asegurar su duración.

¹ *Conversaban*, "were talking."—² *Su* (which means *his, her, its, your* and *their*) is to be translated *their* in this case, as relating to trees.—³ *Vds.*, abbreviation of *Ustedes*, a derivation from *Vuestra merced*, "your grace"; but now it is used as a pronoun, meaning merely "you."—⁴ *De*, "of" or "from"; translate "in."—⁵ *Yo he resistido á la tormenta*, literally "I have resisted to the storm"; translate "I have stood in the storm," as it is more elegant and correct in English.—⁶ *Ella*, "she"; translate "it."—⁷ *De*, "in."— ⁸ *Jactarse*, omit the pronoun *se.*—⁹ *Los despoja*, "stripe you."— ¹⁰ Omit *que.*—¹¹ *Hablaban así*, "were thus talking."—¹² *Tratando cada uno de*, literally "treating every one of"; translate "each trying to."—¹³ *Que quería derribar*, "he wanted to have cut down." —¹⁴ *De esta manera*, literally "of this manner"; translate "thus."

LECCIÓN UNDÉCIMA.

GRANDEZA DE DIOS.

Vamos á pasear y hablaremos de las obras de Dios.

En pino crece sobre las montañas, y el sauce mece ligeramente sus ramas sobre las mansas ondas del lago cristalino.

El cardo está armado de¹ pequeñas espinas; la malva es benigna y está cubierta de² una película suave.

La encina hunde sus gruesas raíces en la tierra, y desafía las tempestades del invierno.

La margarita esmalta los campos, y florece debajo de³ los pies del pasajero.

El brillante tulipán requiere un terreno rico, y el cuidado de un jardinero.

Los juncos y las cañas crecen en los lugares húmedos.

El nenúfar crece sobre las ondas; sus grandes hojas verdes se bañan en ellas, y su hermosa flor nada sobre la espuma.

El alelí se arraiga entre[4] las piedras, y exhala su perfume entre[5] ruinas.

Cada hoja tiene una forma distinta, y cada planta una flor diferente.

Desde que se[6] aproxima la primavera, renacen la prímula y el lirio de los valles, mostrando sus lindas flores. El clavel espera el estío, y el laurel florece en el invierno. Cada planta produce su semejante: una espiga de trigo no[7] producirá jamás una bellota; y una viña no da cerezas, sino que[8] cada planta nace de su propia semilla.

¿Quién las conserva durante el frío del invierno, cuando la tierra está cubierta de nieve, y todo[9] helado? ¿Quién siembra las semillas de los árboles silvestres? ¿Quién las calienta en el seno de la tierra? ¿Quién las hace germinar y las vigoriza?

Dios es quien hace todo esto. He aquí[10] una parte de sus maravillas. Todo lo que nos rodea viene de Él.

Podemos ver el poder de su mano en cada hoja, así como[11] en los astros que iluminan el espacio.

No podemos ver á Dios, porque es invisible á los mortales; pero podemos admirar sus maravillas y adorar su santo nombre. Mientras más[12] le conozcamos, más[13] le bendecirémos.

---

[1] *De,* "with."—[2] *De,* "by."—[3] *Debajo de,* "under."—[4] *Entre,* "in."—[5] *Entre,* "among."—[6] Omit *se.*—[7] Omit *no.*—[8] *Sino que,* literally "*but that*"; translate "*but*" only.—[9] *Y todo,*—*está* is under-

stood.—[10] *Hé aquí*, literally "here it is"; translate "behold."—[11] *Así como*, literally "as like"; translate "as well as."—[12] *Mientras más*, literally "while more"; translate "the more."—[13] *Más*, literally "more"; translate "the more."

LECCIÓN DUODÉCIMA.

INVENCIÓN DE LA IMPRENTA.

TRES Alemanes industriosos, cuyos nombres son Guttemberg, Faust y Schoeffer, establecieron en Maguncia la primera imprenta. Las primeras obras salidas[1] de las prensas de estos tres fundadores de la tipografía, entre[2] los años de mil cuatrocientos cincuenta y mil cuatrocientos sesenta y cinco, son hoy tan raras, que los[3] que poseen ejemplares de ellas los conservan como tesoros. Holanda reclama el honor de la invención de la imprenta por Lorenzo Coster, natural de Harlem: otros la atribuyen á Mentel, de Estrasburgo; pero como no se conocen[4] obras de estos impresores anteriores á las[5] de los[6] de Maguncia, la gloria del descubrimiento de la tipografía pertenece á esta ciudad. En mil cuatrocientos sesenta y nueve el prior de la Sorbona hizo venir[7] á París tres impresores de Maguncia para establecer un taller. Las obras que en él se imprimieron,[8] ó que venían de Alemania, causaron tan gran perjuicio al oficio de los copistas, que éstos denunciaron la imprenta al Parlamento como un arte de brujería. Los jueces, bas-

tante crédulos para dar crédito á esta singular denun-
cia, ordenaron la confiscación de los libros impresos.
Faust había venido á París algunos años antes, y mu-
rió allí durante una epidemia. Schoeffer vino en se-
guida,[9] y fué recibido con todas las consideraciones
debidas á los hombres de mérito. Guttemberg ob-
tuvo un empleo en la scrvidumbre del elector de
Maguncia. El emperador de Alemania concedió dis-
tinciones á los impresores. Tal fué la estima en que
se tuvo[10] un arte con cuyo auxilio se difunde hoy
rápida[11] y fácilmente la instrucción desde un extre-
mo á otro del mundo.

[1] *Salidas* (from the verb *salir*, "to go out"), translate "issued."
—[2] *Entre*, "between."—[3] *Los* (*hombres* is understood), translate
"those."—[4] *No se conocen*, "are not known": invert the order of
the sentence thus: *Las obras de estos impresores no se conocen.*—[5] *Á
las*,—*obras* is understood.—[6] *De los*,—*impresores* is understood.—
[7] *Hizo venir á París tres impresores*, literally "made to come to Paris
three printers"; translate "caused three printers to come to Paris."
—[8] *Se imprimieron*, "were printed."—[9] *En seguida*, literally "in
succession"; translate "afterwards."—[10] *Se tuvo*, literally "was
had"; translate "they held," or "was held."—[11] *Rápida*, "rapid-
ly"; the termination *mente* is suppressed for the sake of euphony.

LECCIÓN DÉCIMOTERCIA.

HOMERO.—(DIÁLOGO.)

PREGUNTA.—¿Quién era Homero?
RESPUESTA.—Homero fué el más antiguo de los
autores profanos, llamado el *Príncipe de los Poetas*,

nació cerca de[1] ocho ó novecientos años antes de Cristo; pero se ignora[2] la época precisa de su nacimiento.

P.—¿En dónde nació?

R.—Nada[3] menos que siete ciudades se han disputado[4] el honor de haber sido su patria, á saber[5]— Esmirna, Chio, Colofonte, Salamina, Rodas, Argos y Atenas.

P.—¿Cuáles fueron los más célebres poemas de Homero?

R.—La Iliada y la Odisea, en los cuales mostró un profundo conocimiento del corazón humano. Ha inmortalizado su nombre, tanto[6] por la sublimidad de su poesía, cuanto[7] por la dulzura y la elegancia de su estilo.

P.—¿Cuáles son los asuntos de estos poemas?

R.—El asunto de la Ilíada es la cólera de Aquíles, que fué tan fatal á las legiones griegas ante los muros de Troya. El[8] de la Odisea es los viajes y aventuras de Ulises cuando volvía[9] á Itálica, su patria, después de la guerra Troyana.

P.—Cuál es el mérito comparativo de estos dos poemas?

R.—La Ilíada contiene, sin duda ninguna,[10] mayor sublimidad, y despierta más vivo interés que la Odisea; pero el último prueba, en más alto grado, el poder de imaginación y el gran genio de Homero. Se ha comparado[11] bellamente la Ilíada al sol en todo el lleno[12] de su esplendor al[13] medio día; y la Odisea á la mansa y dulce luz del mismo astro cuando se pone.[14]

P.—¿Tenían los antiguos mucho respeto y veneración por la memoria de Homero?

R.—Era tanta[15] su veneración hacia él,[16] que le erigieron templos y altares, y le adoraban como un Dios. En Chio se celebraban fiestas cada cinco años en honor suyo;[17] y se acuñaban monedas para perpetuar su memoria. Alejandro el Grande tenía constantemente la Iliada bajo[18] su almohada, en una caja guarnecida de[19] piedras preciosas.

[1] *Cerca de*, literally "near of"; translate "about some."—[2] *Se ignora*, "we are ignorant of."—[3] *Nada*, literally "nothing"; translate "no."—[4] *Se han disputado*, literally "have disputed each other"; translate "have contended for."—[5] *Á saber*, literally "to know"; translate "viz."—[6] *Tanto*, "as well."—[7] *Cuanto*, "as."—[8] *Asunto* is understood.—[9] *Cuando volvía*, "when (or "as") he was returning."—[10] *Ninguna*, literally "none"; translate "any."—[11] *Se ha comparado*, "has been compared."—[12] *Lleno*, "fulness"; different from *lleno*, "full."—[13] *Al*, literally "at the"; omit the article *el* which enters in the composition of that word.—[14] *Se pone*, literally "puts itself"; translate "it sets."—[15] *Tanta*, literally "so much"; translate "so great," or "such."—[16] Invert the order of this sentence, thus: "*Su veneración hacia él era tanta.*"—[17] *Suyo*, literally "in honor of his"; translate "in his honor."—[18] *Bajo*, "under"; different from the adjective *bajo*, "low" or "base."—[19] *De*, "with."

LECCIÓN DÉCIMOCUARTA.

EL CREADOR.

Cuando el sol de ardiente estío
Sale entre nubes de grana
Y esparce su luz temprana
En cielo, en tierra y en mar,

Dejo el lecho, salgo al campo,
Busco el bosque, ó la pradera,
Y encuentro por[1] dondequiera
Mil bellezas que[2] admirar.

La augusta calma que reina
En la selva silenciosa
Convida á una religiosa
Y dulce meditación;
Y sentado en tosca piedra,
Á[3] la sombra de una encina,
Pienso en la gloria divina
Del que[4] todo lo creó.

Y el susurro de la brisa,
El murmurio de la fuente,
El ruido que en su corriente
Hace el arroyo veloz;
El dulce trino del ave
Que alegre en la rama canta,[5]
Son un himno que levanta
La Naturaleza á Dios.

Su mano en todo se mira;[6]
Todo lo anima su aliento,[7]
En los cielos y en el mar.
¡Oh Dios! tu grandeza adoro:
Tu santa luz va conmigo;
Y me prosterno, y bendigo
Tu Omnipotencia y Bondad!   T.

---

[1] Omit *por*.—[2] *Mil bellezas que admirar*, literally "A thousand beauties which to admire": there is an ellipsis in this sentence; it

should read *Mil bellezas que* HE DE *admirar :* omit *que* and translate "A thousand beauties to admire."—[2] *Á*, "at"; translate "under." —[4] *Del que*, literally "of the who"; translate "of him who."— —[5] Invert the order of this sentence, thus : "*Que canta alegre en la rama : en*, "in"; translate "on."—[6] *Se mira*, "is seen."—[7] Invert the order of this sentence, and read *Su aliento lo anima todo :* omit *lo*, as a pleonasm.

LECCIÓN DÉCIMOQUINTA.

LA ÚLTIMA BENDICIÓN DE MI PADRE.

I.—HAN pasado muchos años; yo era un niño que apenas contaba cinco[1] de edad; pero el recuerdo de aquella escena estará siempre vivo en mi mente.

Era una tarde de Otoño, lloviznosa y fría, y yo estaba sentado en[2] un corredor junto[3] al jardín, rodeado de[4] mis juguetes, que en aquella edad y en aquellos momentos eran mi única ambición, mi felicidad, mi todo. " Ven conmigo,"—me dijo, acercándose[5] á mí, una hermana de mi madre. " Déjame jugar,"—le respondí; pero ella, sin decir más nada,[6] me tomó en sus brazos. Yo noté que en su voz había un acento extraño, y vi que estaba muy pálida y que tenía lágrimas en los[7] ojos. Yo no podía comprender qué era aquello; pero ella me conducía á toda prisa,[8] y no atendía á mis preguntas.

Entrámos en el aposento de mi padre: todo estaba cerrado, y apenas penetraban algunos rayos de luz por[9] un postigo entreabierto. Había muchas personas allí; pero reinaba un silencio tan profundo como en una iglesia.

En un extremo del aposento estaba la cama de donde mi padre no se levantaba hacía mucho tiempo:[10] apenas se podía distinguir el bulto de su cuerpo bajo las blancas y delgadas sábanas que lo cubrían: tenía su hermosa cabeza reclinada hacia atrás sobre altas y suaves almohadas; y me pareció más pálido y más triste que nunca.[11] Mi madre estaba de pie,[12] junto á la cabecera del lecho, y de cuando en cuando[13] dirigía palabras cariñosas á mi padre; pero él no hablaba;—respondía solo con[14] las miradas de sus grandes y bellos ojos, que podían decirlo todo. Cada una de mis dos hermanas estaba á un lado de la cama, y tenía entre sus manos una[15] de mi padre. Ellas no querían llorar; pero las lágrimas se les saltaban[16] de los ojos.

II.—Cuando yo entré en el aposento, mi padre me vió, é hizo un esfuerzo para levantar la cabeza; pero luego la dejó caer pesadamente sobre la almohada; y, extendiendo un brazo, me llamó hacia él. Mi tía me acercó á su lado. Entónces mi padre fijó en mí su mirada: sus ojos brillaban más que nunca, y me pareció que estaba alegre, porque se sonrió dulcemente. Luego puso una mano sobre mi cabeza: hizo un poderoso esfuerzo para hablar, y (me acuerdo como si fuera ahora) dijo: "Dios te haga bueno y te bendiga." . . . Pero no pudo continuar; apartó de mi cabeza su mano, y levantándola en[17] alto, hizo tres veces la señal de la cruz, volviendo sus ojos cada vez hacia uno de sus tres hijos. Después estrechó una mano de mi madre entre las suyas; derramó dos lágrimas, que eran las que le quedaban, quizás. Luego su mirada quedó seca é inmóvil, y se puso[18] aun más pálido.

Los amigos separaron del lecho y sacaron del aposento á mi madre y mis hermanas; pero á mí me dejaron olvidado.[19] En seguida ví entrar un hombre, á quien acostumbrábamos llamar " padre " también;—era el sacerdote de la familia. Se adelantó hacia la cama de mi padre; puso en su mano un cirio encendido, y comenzó á recitar con voz solemne palabras que me eran desconocidas; pero pude comprenderlo una vez que dijo: " Hijo mío, Dios te llama, y tú vas donde está él."—" Sí,"—respondió mi padre, dió un suspiro[20] sin esfuerzo ninguno, y cerró los ojos. El sacerdote se arrodilló por un momento; luego se levantó, y al salir del aposento reparó en mí, y me llevó fuera.

¡Ya era yo huérfano! Y sin embargo, pocos momentos después, volví á sentarme en el corredor junto al jardín, rodeado de mis juguetes y contento. ¡Que feliz es un niño!

Han pasado muchos años; pero mi consuelo en los borrascosos días de la desgracia, es la fe que tengo en que Dios oirá LA ÚLTIMA BENDICIÓN DE MI PADRE.

[1] *Años* is understood.—[2] *En*, "on."—[3] *Junto*, "near"; different from the adjective *junto*, "united."—[4] *De*, "by."—[5] Omit *se*.—[6] *Más nada*, literally "more nothing"; invert the order, and translate "nothing more." *Nada más* is more correct.—[7] *Los*, "her." In Spanish is commonly used the definite article before the names of limbs or parts of the body.—[8] *Á toda prisa*, literally "at all haste"; translate "in great haste."—[9] *Por*, "through."—[10] *Hacía mucho tiempo*, literally "it made much time"; translate

"a long time since."—[11] *Nunca*, it means "never"; but in this case should be translated by "ever."—[12] *Estar de pie*, literally "to be of foot"; translate "stood."—[13] *De cuando en cuando*, literally "from when in when"; translate "now and then."—[14] *Con*, "by." —[15] *Mano* is understood.—[16] *Se les saltaban;* omit *se* and *les*, and translate "burst."—[17] *En*, "on."—[18] *Se puso*, literally "put himself"; translate "grew."—[19] *Me dejaron olvidado*, literally "they left me forgotten"; translate "they left me behind."—[20] *Dió un suspiro*, literally "he gave a sigh"; translate "he sighed."

LECCIÓN DÉCIMOSEXTA.

EL CISNE.

CUANDO este pájaro flota gentilmente sobre las aguas, ofrece á nuestros ojos una de las más bellas obras de la naturaleza. No podemos cansarnos[1] de admirar la elegancia de sus contornos y la gracia que demuestra en sus movimientos. Nada con mucha más ligereza que un hombre cuando anda. El plumaje del cisne doméstico es enteramente blanco, y su pico es rojo, excepto en la mitad superior que es negra. El cisne doméstico, mayor que el silvestre, pesa ordinariamente veinte libras. Este es el más silencioso de todos los pájaros, y no hace más que dar un silbido[2] cuando se le provoca.[3] En cuanto á esto,[4] es muy diferente del cisne silvestre. El macho y la hembra construyen su nido unas[5] veces sobre un montón de hierbas secas en un ribazo, y otras[6] sobre (cañas) flotantes. Ponen huevos un día sí y otro no,[7] hasta el número de seis ó siete. Los pichones, al na-

cer,[8] están cubiertos de[9] una plumilla parda ó ama-
rillenta, que conservan por muchos meses. Cuando
el padre y la madre están rodeados de su familia, es
bastante peligroso acercarse á ellos;[10] sea[11] por te-
mor, sea por orgullo, se alarman inmediatamente, y
cuando creen que sus pichones están en peligro, se
los llevan[12] sobre las alas. La carne de los cisnes
viejos es dura y de mal gusto; pero la de los jóvenes
es bastante buena.

Según Pitágoras, el alma de los poetas pasaba al[13]
cuerpo de los cisnes, y conservaba el poder de la me-
lodía que aquellos habían poseído durante su vida.
El vulgo tomó por realidad lo que no[14] era sino una
alegoría ingeniosa. El mismo filósofo decía que el
canto del cisne moribundo era un himno de gozo, por
el cual dicho pájaro se felicitaba de[15] pasar á mejor
vida. Por esto es que[16] las últimas producciones de
los escritores, los últimos discursos de un orador y
las palabras de todo hombre distinguido antes de
abandonar este mundo, se llaman[17] "el canto del
cisne."

Se dice[18] que el cisne vive trescientos años; pero
sea exacto, ó sea exagerado este número, la verdad es
que goza de una larguísima existencia.

---

[1] *No podemos cansarnos*, literally "we can not tire ourselves";
translate "we can not get tired."—[2] *No hace mas que dar un silbido*,
literally "he makes no more than giving a hiss"; translate "he
only hisses."—[3] *Se le provoca*, "he is provoked."—[4] *En cuanto á esto*,
"in regard to this."—[5] *Unas*, "some."—[6] *Otras*, literally "other";
translate "sometimes."—[7] *Un dia sí y otro no*, literally "one day
yes, and another not"; translate "every other day."—[8] *Al nacer*,
"on being born."—[9] *De*, "by."—[10] *Acercarse á ellos*, literally "to
approach oneself to them"; translate "to approach them."—[11] *Sea*,

literally "be it"; translate "either by"; and afterward translate
the same by "or."—¹² *Se los llevan*, omit *se.*—¹³ *Al*, "into."—¹⁴ Omit
no.—¹⁵ *De*, "for."—¹⁶ *Por esto es que*, literally "for this is it that";
translate "hence."—¹⁷ *Se llaman*, "are called."—¹⁸ *Se dice*, "it is
said."

LECCIÓN DÉCIMOSÉPTIMA.

CONTEMPLACIÓN DE LOS CIELOS.

¿Qué sér puede haber formado la soberbia bó-
veda de los cielos? ¿Quién ha dado movimiento á
esos globos de luz cuya continuación es perpétua, y
cuya velocidad es indecible? ¿Quién ha ordenado
que las grandes masas de materia inerte asuman tan-
tas y tan variadas formas? ¿De dónde se derivan¹
la conexión, la armonía y belleza del todo, y quién
ha determinado sus proporciones y limitado su nú-
mero? ¿Quién ha prescrito á los planetas leyes que,
durante el transcurso de muchos siglos, permanecie-
ron desconocidas hasta que el sublime genio de un
Newton las descubrió? ¿Quién ha trazado los vastos
círculos en que giran las innumerables estrellas? ¿Y
quién primeramente las mandó moverse,² y continuar
su curso en no interrumpida progresión? Todas
estas cuestiones nos conducen á tí, adorable Creador
nuestro! Sér existente por sí mismo, sér infinito!
Á tu inteligencia y poder sobrenatural deben todos
esos cuerpos celestiales su existencia, sus leyes, su
orden, su fuerza y su influencia!

¡Qué ideas tan sublimes despierta en nuestras almas la contemplación de estos grandes objetos! Si el espacio donde se[3] mueven tantos millones de mundos no puede ser medido por nuestro entendimiento; si nos llenamos de asombro al contemplar la magnitud de las esferas; si la fábrica del Universo que ha formado el Todopoderoso, es[4] tan inmensa que todas nuestras ideas se confunden en su contemplación,—¿qué debes ser tú, oh Dios y qué entendimiento puede comprenderte? Si los cielos y sus huestes de mundos son tan majestuosamente grandiosos y bellos que los ojos no[5] se sacian[6] nunca con su esplendor, ni el ánimo se satisface[7] con la contemplación de sus maravillas,—¿qué debes ser tú, oh Dios, de cuya gloria no son ellos sino sombras y débiles imágenes? ¿Cuál debe ser la inmensidad de tu poder y la extensión de tu sabiduría, cuando ves con[8] una ojeada todo el inmenso espacio del cielo y sus innumerables mundos, y cuando penetras la naturaleza y propiedades de todas las cosas existentes? Tú que has formado estos planes admirables, que has calculado cada cosa, y pesádolo[9] todo en tu balanza;—que has establecido las leyes del Universo y propuéstote[10] los más altos fines! Yo me pierdo[11] en la contemplación de tu grandeza infinita y me postro ante el trono de tu gloria eterna!

---

[1] *Se derivan,* "are derived."—[2] Omit *se.*—[3] Omit *se.*—[4] *Es,* "is"; translate "be."—[5] Omit *no.*—[6] *Se sacian,* literally "satiate themselves"; translate "are satiated."—[7] *Se satisface,* "is satisfied."—[8] *Con,* "at."—[9] *Pesádolo,* omit the affix pronoun *lo,* as it is a pleonasm in English.—[10] *Propuéstote,* a compound word, of the verb *propuesto* and the affix pronoun *te;* translate "proposed to thyself."—[11] *Yo me pierdo,* literally "I lose myself"; translate "I am lost."

LECCIÓN DÉCIMOOCTAVA.

ADIÓS Á SAND LAKE.

¡SAND LAKE, adiós!   Al dejar estos lugares llevo
en mi corazón el triste presentimiento de que tal vez[1]
mis ojos no verán más tus bosques, tus colinas, tus
plateados lagos ni tus praderas de esmeralda.   Pero
tú has llenado mi alma de dulces recuerdos que cons-
tantemente se destilarán como gotas de bálsamo sobre
mi corazón herido.

Las brisas puras que mecen las flores de tus cam-
pos refrescaron mi frente abrasada por pensamientos
tristes; la solemne calma de tus bosques inspiró[2]
tranquilidad á[3] mi espíritu atormentado; y la pala-
bra de Dios en su sagrada casa, llenó de[4] consuelo
mi alma y la fortaleció.   La frágil barca de mi vida
ha navegado dulcemente sobre tus ondas de paz y de
encanto.

¡Cuántas veces, errando por los bosques de tus
márgenes, ó sentado con un libro favorito en[5] la gran
piedra del sombrío recodo, mi alma se ha perdido[6]
en una expansión divina, y las borrascas de mi cora-
zón se han apaciguado:[7] las tormentosas olas de mis
pasiones se han convertido en impresiones tan dulces
como tus mansas ondas, y mis ideas han sido alegres
y brillantes como las flores de tus orillas!

¡Oh!   ¡Cuánto temo volver al agitado mar de la
populosa ciudad!   Allí no veré las puras frentes ni
los encantadores ojos de tus bellísimas doncellas; ni
me sentaré cabe[8] el hogar de tus virtuosas familias,

que abrieron bondadosamente las puertas de sus mansiones para recibir al pobre desterrado extranjero. Pero el recuerdo de todos ellos estará siempre en mi corazón para consolarme en mis horas de soledad y dolor.

¡Adiós, Sand Lake! Sé[9] y siento que mis días están contados, y que el número es corto. La esperanza ha muerto dentro de mi corazón; mi porvenir está obscuro como una noche de tempestad, y no[10] tengo ni luz ni guía para atravesar este valle de dolor. Pero en tanto que[11] espero el golpe mortal, tus recuerdos acompañarán mi espíritu atribulado.   T.

[1] *Tal vez*, literally "such time"; translate "perhaps."—[2] *Inspiró*, "inspired with."—[3] Omit *á*.—[4] *De*, "with."—[5] *En*, "on."—[6] *Se ha perdido*, "was lost."—[7] *Se han apaciguado*, "have been calmed."—[8] *Cabe*, an adverb, "by," or "near"; different from *cabe*, a verb.—[9] *Sé*, "I know"; different from *sé*, second person of the imperative of the verb *ser*, "to be"; and from the pronoun *se*, which has various meanings.—[10] Omit *no*.—[11] *En tanto que*, literally "in so much that"; translate "while."

LECCIÓN DÉCIMONONA.

LA VIDA Y LA MUERTE.

Dios ha observado el orden más maravilloso y exacto en la vida y en la muerte del hombre; ambas están medidas y reguladas del[1] mejor modo; y nada es más evidente que la sabiduría de Dios en la pobla-

·ción del mundo.   En un número dado de años, muere un número proporcional de gentes de todas edades. De[2] treinta y cinco ó treinta seis personas vivientes, muere una cada año: pero la proporción de los nacimientos es mayor.   Para[3] diez que mueren, en el mismo espacio de tiempo y entre el mismo número de individuos, nacen doce.   En el primer año, de[4] tres niños muere generalmente uno: en el quinto, uno de cada veinticinco; y así sucesivamente[5] disminuyendo el número de muertes hasta la edad de veinticinco, en que otra vez[6] empieza á aumentarse.   ¡Cuán evidente es el cuidado que la Divina Providencia extiende sobre sus criaturas!   Desde el momento mismo en que entran en[7] el mundo, ella las vigila y proteje, sin distinción entre el pobre y el rico, el grande ó el pequeño.   La vida es en extremo[8] incierta; aunque por[9] la fuerza de su constitución física, algunos individuos no estén tan sujetos á enfermedades, pueden morir por accidentes; y ningún hombre, por más fuerte que sea,[10] está seguro del contagio en una epidemia.   Pero un motivo más poderoso que el temor debe excitarnos á obrar de manera tal,[11] que nuestros hechos sean siempre aceptables á Dios,—el placer que proviene de las buenas acciones, el cual es un constante galardón y un manantial de pura delicia para los hombres virtuosos, y cuyas sensaciones son desconocidas á los malvados.

[1] *Del*, "in the."—[2] *De*, "out of."—[3] *Para*, "for."—[4] *De*, "out of."—[5] *Y así sucesivamente*, "and so on."—[6] *Otra vez*, literally "another time"; translate "again."—[7] Omit *en*.—[8] *En extremo*, literally "in extreme"; translate "extremely."—[9] *Por*, "from."—[10] *Por más fuerte que sea*, literally "for more strong that he may be"; trans-

late "however strong he may be."—[11] *De manera tal*, literally "of manner such"; translate "in such a manner."

LECCIÓN VIGÉSIMA.

AMOR DE MADRE.

(FRAGMENTO.)

DUERME, duerme, niño mío,
Mientras velo yo por tí.
Tú los ruegos que te envío,
¡Oh gran Dios! oye de mí.

Oh! ¡cuán bella que es tu frente,
Tu mejilla angelical,
Tu pupila de cristal
Y tu sonrisa inocente!
Oh! cuánto de[1] gozo siente,
Ángel puro, el alma mía
Al verte; y qué poesía
En mi existencia derrama
Este inmenso amor que inflama
Mi corazón noche y día!

Ah! si es verdad que en el mundo
Felicidad puede haber,
En nada más ha de ser
Que[2] en este placer profundo,
En este amor sin segundo,[3]

Gran Dios, que viene de tí
Para confundirse así
Con nuestro ser, de tal modo
Que amor y vida es en todo
Una[4] misma cosa en mí.

  Yo no sé, no sé qué siente
Este corazón de madre
Cuando entre el hijo y el padre
Parto mi beso inocente.
Parece que dulcemente
Mi espíritu se separa
Del cuerpo, cual[5] si se hallara[6]
Estrecho, y alzando el vuelo,
Entre la tierra y el cielo
Á contemplarlos se pára.[7]

  Entónces tu luz, Dios mío,
Inunda mi corazón,
Y ante un mundo de ilusión
Alzo la frente, sonrío,
Y tal como[8] en raudo río
Bullicioso, sin cesar[9]
Corren las ondas al mar,
Así en tan dulces momentos
Van, Señor, mis pensamientos
En tu océano á parar.[10]   T.

---

[1] Omit *de.*—[2] *En nada más ha de ser que*, literally "in nothing more it has to be that"; translate "it can not exist but."—[3] *Sin segundo*, literally "without second"; translate "unequalled."— [4] *Una*, translate "the."—[5] *Cual*, "as"; different from *cual*, a relative pronoun.—[6] *Si se hallara*, literally "if it found itself"; trans-

late "as though feeling."—[7] *Se pára*, "it stops"; different from the preposition *para*, always written without an accent.—[8] *Tal como*, literally "such as"; translate "like."—[9] *Sin cesar*, literally "without ceasing"; translate "unceasingly."—[10] *Á parar*, "to end."

LECCIÓN VIGÉSIMAPRIMERA.

LA MADRE Y SUS HIJOS.

EN una noche de verano[1] se hallaba una madre arrodillada[2] junto á la cuna de dos infantes, cuyos brazos se entrelazaban en un mútuo abrazo. Un sueño, dulce como la luz de la luna que caía sobre ellos á través de la celosía como un velo de plata, daba á sus facciones la expresión de una calma celestial: sus suaves y brillantes rizos que caían ondeando sobre las almohadas, eran ligeramente movidos por su respiración, y en sus labios de coral jugaba una sonrisa pura y angelical. La madre observó con orgullo, por un momento, su excesiva belleza; y luego, mientras[3] continuaba contemplando[4] á los lindos dormidos, sus negros ojos brillaron con la expresión de un amor intenso y profundo; pero de súbito[5] la sobrecogió un pensamiento triste, un sentimiento de temor. Quizás aquellos bellísimos pimpollos de vida, tan frescos y hermosos, podían ser tocados por la mano de la muerte, y devueltos, en su brillantez, al polvo. Entonces alzó su voz con solemne y fervorosa plegaria, para que el dispensador de la vida conservase aquellos frutos de amor. Á medida que[6] sus acentos se levantaban al aire, sobrecogióla[7] un pensamiento más vivo aún; su mente se transportó con sus amados hijos á las obscuras y escabrosas sendas de la vida, y todo su cuerpo se estremeció al considerar los peligros que allí los esperaban. Su plegaria fué entónces más ferviente, suplicando á Dios, que es fuente de toda pureza, que los conservase siempre en su inocencia, y los librase del crímen, de la deshonra, y de los vicios, y que los cubriese con su bendición, como con un manto sagrado.

Cuando los acentos de la plegaria de la madre murieron en los aires, una figura sombría apareció detrás de los dormidos infantes. "Yo soy la muerte," —dijo el espectro,—" y vengo por tus hijos, para llevarlos donde son desconocidos los peligros que tú temes;[8] donde ni mancha, ni polvo, ni sombra pueden alcanzar al espíritu bienaventurado. Solo cediéndomelos[9] puedes librarlos de corrupción y ruina."

Un conflicto terrible, una lucha como la de un alma que se separa del cuerpo con grande agonía, tuvo[10] lugar en el corazón de la pobre madre; pero la fe, y el amor que tiene una fuente más pura que la[11] de las pasiones terrenales, triunfaron al fin; y la madre cedió sus hijos al espectro.

---

[1] *Noche de verano*, literally "night of summer"; "summer-night."—[2] *Se hallaba una madre arrodillada*, literally "a mother was found knelt"; translate "a mother was kneeling."—[3] *Mientras*, "as."—[4] *Contemplando*, literally "contemplating"; translate "to contemplate."—[5] *De súbito*, literally "of sudden"; translate "suddenly."—[6] *Á medida que*, literally "at measure that"; translate "as."—[7] *Sobrecogióla*, a compound word, of *sobrecogió*, "over-

came," and *la*, "her,"—"overcame her."—*⁸ Donde son desconocidos los peligros que tú temes:* invert the order of this sentence thus: *Donde los peligros que tú temes son desconocidos.*—*⁹ Cediéndomelos*, a compound word, of *cediendo*, "yielding," *me*, "to me," and *los*, "them"; translate "yielding them to me."—¹⁰ *Tuvo*, literally "had"; translate "took."—¹¹ *Fuente* is understood.

LECCIÓN VIGÉSIMOSEGUNDA.

VASCO DE GAMA.

I.—El[1] 9 de Julio de 1497, cuatro años después que[2] Colón descubrió[3] la[4] América, el rey Manuel, de Portugal, que en su juventud había sido pupilo de Don[5] Enrique, equipó tres buques, cuyo mando dió[6] á Vasco de Gama, con orden de que doblase[7] el Cabo de Buena-Esperanza, y (si era posible) llegar hasta la[8] India. Díaz, que estaba empleado en el tráfico con Guinea, recibió orden de[9] acompañar á Gama hasta[10] el Cabo, á fin de[11] enseñarle el camino, y dejarlo entonces al azar.[12]

Gama llevó felizmente á cabo esta aventura: dobló el tormentoso Cabo de Buena-Esperanza, y navegó hacia arriba[13] la costa oriental de África. Esta costa era hasta entonces[14] desconocida á los portugueses, pero no así á los moros del[15] África septentrional. Gama encontró á los moros de Fez traficando con los negros de Mozambique y Mombaza. Estos moros estaban celosos de los portugueses, porque creían que se entrometerían en su comercio, y trataron de per-

suadir á los indígenas de[16] que eran enemigos. Por
consiguiente[17] Gama se vió[18] expuesto á grandes peli-
gros. ·Había ocurrido al rey de Mozambique á fin de
que le concediese[19] la ayuda de un piloto que diri-
giese sus naves á la India. Prometiósele[20] esta ayu-
da;[21] pero antes que pudiese hacerse á la vela[22] los
moros le envolvieron en una guerra con las naciones
negras; y cuando Gama, por el terror que causaron
sus cañones, los compelió á rendir las armas, el rey
negro trató de librarse de los portugueses por medio
de fraude, dando á Gama un piloto que fué comi-
sionado para entregar los buques en manos de sus
paisanos de Mombaza. Gama debió su salvación á
una mera casualidad. El piloto africano, no acos-
tumbrado á buques tan grandes como los portugueses,
no conocía la profundidad de agua que necesitaban,
y los dirigió hacia un bajío al aproximarse á[23] Mom-
baza.

II.—Uno de los buques se varó,[24] y por consi-
guiente hubo alguna agitación á bordo, lo cual fué
observado por los[25] que estaban en los otros buques.
El piloto, que no comprendía lo que había sucedido,
pero que tenía la conciencia de su proyectada trai-
ción, oyendo el ruido y viendo el correr aquí y allá,[26]
dedujo que estaba descubierto, temió ser castigado;
y, arrojándose al[27] agua, nadó hasta la playa,[28] y se
escapó.

Los portugueses entonces navegaron hasta Melin-
da, donde encontraron gente más benigna. Allí
tomó Gama un piloto que lo condujo á la costa occi-
dental de la India, y desembarcaron en Calcuta.

Gama había logrado ya[29] el grande objeto de la ambición portuguesa, llegando á la Indio, con[30] cuyas riquezas soñaba la Europa hacía mucho tiempo; y entonces trató de asegurar á Portugal una parte de ellas. Con[31] este propósito se anunció al soberano de Calcuta como embajador del rey de Portugal, que le enviaba para arreglar tratados de amistad y comercio con los príncipes de la India. El soberano le recibió bien, se manifestó dispuesto á hacer los pactos y proveyó de valiosos cargamentos á las naves portuguesas.

Gama se hizo á la vela de vuelta[32] á Portugal, llevando á bordo de su flota pimienta, especias y otras ricas producciones de la India, y desembarcó en Lisboa en el mes de Julio de 1499, después de[33] una ausencia de dos años.

[1] *El*, "on the."—[2] Omit *que*.—[3] *Descubrió*, translate "had discovered."—[4] Omit *la*.—[5] *Don*, equivalent to "Mr." in English, from the Latin word *dominus*, "lord"; but *Don* is used only before Christian names, as Don Enrique, Don Juan, &c.—[6] *Cuyo mando dió*, "of which he gave the command."—[7] *De que doblase*, literally "that he might double"; translate "to double."—[8] Omit *la*.—[9] *De*, "to."—[10] *Hasta*, "as far as."—[11] *Á fin de*, literally "to end of"; translate "in order to."—[12] *Al azar*, "at hazard"; translate "to his fortune."—[13] *Hacia arriba*, literally "toward up"; translate "up."—[14] *Hasta entonces*, "till then"; translate "hitherto."—[15] *Del*, omit the article *el*.—[16] Omit *de*.—[17] *Por consiguiente*, literally "by consequent"; translate "consequently."—[18] *Se vió*, literally "saw himself"; translate "was."—[19] *Á fin de que le concediese*, literally "to end that him would afford"; translate "in order that he would afford him."—[20] *Prometiósele*, a compound word, of the verb *prometió*, "promised," the pronoun *se* (equivalent to "they" in this case) and the pronoun *le*, "to him"; translate "was promised to him."—[21] Invert the order of this sentence, and read thus: *Esta ayuda prometiósele.*—[22] *Hacerse á la vela*, literally "to make oneself to the sail"; translate "to sail," or "to set sails."—[23] *Al aproximarse á,*

literally "to the approaching to"; translate "on approaching."—
²⁴ *Se varó,* "went aground."—²⁵ *Hombres* is understood.—²⁶ *El correr
aquí y allá,* literally "the to run here and there"; translate "the
running to and fro."—²⁷ *Al,* "into."—²⁸ *Hasta la playa,* literally
"as far as, or, until, the shore"; translate "ashore."—²⁹ *Ya,*
"now."—³⁰ *Con,* "of."—³¹ *Con,* "for."—³² *De vuelta,* literally "of
return"; translate "on his return."—³³ Omit *de.*

LECCIÓN VIGÉSIMOTERCIA.

LA CRUZ DE LOS ALPES.

(TRADUCCIÓN DEL ORIGINAL INGLÉS DE J. T. FIELD.)

UNA vez, sobrecogidos por la noche,[1] en un lugar
donde las tempestades Alpinas han sepultado huestes
de formas marciales, nuestro guía se detuvo[2] lleno de
temor, aterido de[3] frío, mientras rodaban rápidamen-
te las avalanchas,[4] y exclamó con acento trémulo: *La
senda está perdida; movernos es encontrar la muerte.*

Los peñascos de nieve parecían mirarnos con
ceño;[5] los vientos bramaban fieramente; y rodeados
nosotros[6] de[7] tan triste escena, sin mortal ayuda en
que apoyarnos,—pensad qué dulce música sería oir:
Veo la cruz; nuestra senda está clara.

Volvimos nuestros ojos, y allí en medio de las
nieves se levantaba una sencilla cruz de madera:[8]
firme contra la espantosa ira de las tempestades, se
mantenía[9] allí para guiar la senda del viajero, é in-
dicar dónde se encuentra[10] el valle apacible bajo el
cielo de verano.

Uno de nuestros queridos compañeros de aquella noche ha pasado ya de[11] esta vida. Llegó á su hogar para postrarse y dormir eternamente en su valle natal; pero al tomar yo[12] su trémula mano, antes que diese su última mirada de adiós,[13] murmuró estas palabras: *Veo otra vez la cruz de los Alpes!*

Entonces, con una sonrisa en sus labios, se reclinó sobre el seno de su llorosa madre, y se entregó[14] al descanso eterno.

[1] *Sobrecogidos por la noche*, literally "overtaken by the night"; translate "benighted."—[2] *Se detuvo*, literally "detained himself"; translate "halted."—[3] *De*, "con."—[4] *Mientras rodaban rápidamente las avalanchas*: invert the order of this sentence, thus: *Mientras las avalanchas rodaban rápidamente.*—[5] *Mirarnos con ceño*, literally "to look us with frown"; translate "to frown at us."—[6] *Rodeados nosotros*, literally "surrounded we"; translate "we, being surrounded." —[7] *De*, "by."—[8] *Cruz de madera*, literally "cross of wood"; translate "wooden cross."—[9] *Se mantenía*, literally "maintained itself"; translate "stood."—[10] *Se encuentra*, "is found."—[11] Omit *de*.—[12] *Al tomar yo*, literally "at the to take I"; translate "as I took."— [13] *Mirada de adiós*, literally "look of farewell"; translate "farewell look."—[14] *Se entregó*, "delivered himself."

LECCIÓN VIGÉSIMOCUARTA.

UNA HISTORIA DE LAS SABANAS.*

(WASHINGTON IRVING.)

UNA gran partida de indios Osages se[1] había acampado por algún tiempo á orillas[2] de un río lla-

* *Sabana;* this word is not found in the Dictionary of the Spanish Royal Academy of Madrid, but it is applied in Cuba and

mado el Nickanansa. Entre ellos estaba un joven cazador que era[3] de los más valientes y gallardos de la tribu, y el cual había de casarse[4] con una muchacha Osage que por su peregrina belleza era llamada la Flor de las Sabanas. El joven cazador la dejó por algún tiempo con[5] su familia en el campamento, y fué á San Luis para disponer de los productos de su cacería y comprar galas para su novia.

Después de una ausencia de algunas semanas, volvió á las márgenes del Nickanansa; pero ya no estaba allí el campamento,[6] y solamente los maderos de las chozas y los tizones de las apagadas hogueras designaban el sitio. Á cierta distancia, observó una mujer sentada junto al río, como si estuviese llorando. Era su prometida esposa; y corrió á abrazarla, pero ella se volvió tristemente á otro lado.[7] El cazador temió que hubiese acontecido alguna desgracia[8] al campamento.

" ¿ Dónde está nuestra gente? "—exclamó.

" Se[9] han ido á las orillas del Wagruska."

" ¿ Y qué haces tú aquí sola? "

" Esperando por tí."

" Entonces, apresurémonos á reunirnos á nuestra gente[10] en las orillas del Wagruska."

El joven cazador le[11] dió su maleta para que la llevase,[12] y marchó por delante,[13] según la costumbre indiana.

---

other Spanish-American countries to those extensive tracts of land, mostly level, destitute of trees, and covered with coarse grass. Thus, *sabana* is the true equivalent of "prairie." *Pradera* means "meadow," quite different from "prairie."

Al cabo de algún tiempo[14] llegaron á un lugar de donde se veía el humo del distante campamento, que se[15] levantaba de la selvosa márgen del río. La doncella se sentó entónces al pie de un árbol.

"No es decente,"—dijo—"que retornemos juntos.[16] Esperaré aquí."

El joven cazador siguió solo hacia el campamento, y fué recibido por sus parientes con semblantes tristes.

"¿Qué desgracia ha sucedido,"—dijo—"que estáis todos tan tristes?"

Ninguno respondió.

Volvióse[17] hacia su hermana favorita, y le ordenó que saliese,[18] buscase á su novia y la condujese al campamento.

"Ah!"—exclamó ella:—"¿cómo he de[19] buscarla? Murió hace pocos días."[20]

Los parientes de la joven le rodearon entonces, llorando y lamentándose; pero él se negó[21] á creer las tristes nuevas. "Pero hace pocos momentos,"—dijo—"que la he dejado sola y en buena salud; venid conmigo y yo os conduciré á donde ella está."

Guió á sus amigos hasta el árbol al pie del cual se había sentado ella; pero ya no[22] estaba allí, y la maleta se veía en el suelo. Entónces conoció la fatal verdad, y cayó muerto en tierra.[23]

---

[1] Omit *se.*—[2] *Á orillas,* literally "to banks"; translate "on the banks."—[3] *Uno* is understood.—[4] *Había de casarse,* literally "had of to marry himself"; translate "was to be married."—[5] *Con,* "among."—[6] *Ya no estaba allí el campamento:* invert the order thus: *el campamento ya no estaba allí. Ya no,* literally "already not," should be translated "no longer."—[7] *Á otro lado,* literally

"to another side"; translate "away."—[9] *Hubiese acontecido alguna desgracia;* read thus: *Alguna desgracia hubiese acontecido.*—[9] Omit *se.*—[10]*Apresurémonos á reunirnos á nuestra gente,* literally "let us hasten ourselves to join ourselves ·to our people"; translate "let us hasten to join our people."—[11] *Le,* "her."—[12] *Para que la llevase,* literally "for that she might carry it"; translate "to carry."—[13] *Por delante,* literally "for before"; translate "ahead."—[14] *Al cabo de algún tiempo,* literally "at the end of some time"; translate "a short time after."—[15] Omit *se.*—[16] *Que retornemos juntos,* literally "that we may return together"; translate "for us to return together."—[17] *Volvióse,* omit *se.*—[18] *Que saliese,* literally "that she would go forth"; translate "to go forth."—[19] *Cómo he de,* literally "how have I of"; translate "how am I to."—[20] *Hace pocos días,* literally "it makes few days"; translate "a few days since."—[21] *Se negó,* literally "he denied himself"; translate "he refused." —[22] *Ya no,* "no longer."—[23] *Cayó muerto en tierra,* literally "he fell dead on ground"; translate "he fell dead to the ground."

LECCIÓN VIGÉSIMOQUINTA.

LA VÍA LÁCTEA.

Si observamos los cielos, durante una noche clara, descubrimos una luz pálida é irregular, y un gran número de estrellas cuyos rayos mezclados forman ese rastro luminoso que se llama Vía Láctea. Estas estrellas están á una distancia demasiado grande para que puedan descubrirse[1] con la simple vista;[2] y entre las que son visibles con un telescopio, hay espacios aparentemente ocupados por otras, en inmenso número, aunque no distintamente perceptibles por medio de dicho instrumento. Aunque el número ya descubierto es prodigioso, si pudiéramos hacer nuestras observaciones desde[3] otra parte del globo, más cerca del[4] polo antártico, nos sería fácil hacer aun[5] más descubrimientos, y ver un gran número de estrellas que nunca han aparecido sobre nuestro hemisferio; y sin embargo, ni aun entonces podríamos descubrir[6] la mitad, ni[7] la milésima parte, de esos cuerpos que brillan en la inmensidad del firmamento.

Todas las estrellas que percibimos en la Vía Láctea no aparecen sino como otros tantos[8] puntos luminosos, aunque cada una de ellas, puede ser mucho mayor que todo el globo terráqueo.[9] Si usamos instrumentos de la mayor fuerza, nunca aparecen mayores que cuando las vemos con la simple vista. Si un habitante de la tierra se elevase á una altura de ciento sesenta millones de millas, las estrellas fijas no aparecerían todavía[10] mayores que puntos luminosos. Aunque esta aserción parezca increíble, no es una idea quimérica, sino un hecho que está efectivamente probado, porque hacia el veinte de Diciembre nos hallamos[11] más de ciento sesenta millones de millas más cerca de[12] la parte septentrional del cielo que el día diez de Junio; y sin embargo, nunca percibimos ningún[13] aumento de magnitud en las estrellas.

La Vía Láctea, aunque pequeña, comparada con el resto del firmamento, es bastante para manifestar la grandeza del Sér Supremo; y cada una de las estrellas que en ella descubrimos es una prueba de la sabiduría y bondad del Todopoderoso. Y ¿qué son estas estrellas en comparación del inmenso número de mundos que giran en el firmamento? Nuestra razón se confunde en la contemplación de estas maravillas, y sólo podemos admirar y adorar.

¹ *Para que puedan descubrirse*, literally "for that they can be discovered"; translate "to be discovered."—² *Simple vista*, literally "simple sight"; translate "naked eye."—³ *Desde*, "from."—⁴ *Del*, "to."—⁵ *Aun*, "still."—⁶ *Ni aun entonces podríamos descubrir*, "we should not even then be able to discover."—⁷ *Ni*, "or."—⁸ *Otros tantos*, literally "other many"; translate "so many."—⁹ *Todo el globo terráqueo*, literally "all the globe terraqueous"; translate "the whole terraqueous globe."—¹⁰ *Todavía*, "still."—¹¹ *Nos hallamos*, literally "we find ourselves"; translate "we are."—¹² *De*, "to."—¹³ *Ningún*, literally "none"; translate "any."

LECCIÓN VIGÉSIMOSEXTA.

MILLY, LA HIJA DEL JEFE INDIO.

(TRADUCCIÓN.)

I.—DE una comunicación del Ministro de la Guerra, así como¹ de la historia auténtica de la época, aparece que en 1818, durante la guerra de los Indios² en el Sur, Milly salvó la vida de un ciudadano americano que había sido hecho prisionero por varios guerreros de su³ tribu y que iba á sufrir la pena de muerte⁴ cuando fué redimido por su enérgica y humana interposición. La acción de esta doncella india revive el recuerdo de un suceso de⁵ nuestros anales coloniales,—el rescate del capitán Smith por la célebre Pocahontas, hija de Powhattan.

Milly era hija del profeta Francisco, distinguido jefe de la tribu de los indios Creek, el cual adquirió una triste celebridad á[6] consecuencia de su ejecución por orden del[7] General Jackson, durante la guerra de los Indios en 1817 y 18. En la época en que hizo la acción que tanto la ennoblece, no tenía aun dieciseis años[8] de edad; su nación estaba en guerra con los Estados Unidos, y su padre era uno de los más decididos é incansables enemigos de los blancos,[9] —circunstancias todas que[10] presentan su conducta bajo un punto de vista más notable.

Al tiempo en que[11] el prisionero fué conducido por sus aprehensores, Milly y una hermana mayor estaban jugando á la orilla del río Apalachicola,[12] en las cercanías del campamento indio, cuando en medio de[13] su diversión fueron sorprendidas por el grito de guerra[14] que anunciaba la captura de un prisionero. Inmediatamente marcharon en dirección del grito, y al llegar al sitio, encontraron á un joven blanco, desnudo,[15] y atado á un árbol, y á sus aprehensores preparándose para darle muerte.[16]

II.—Al ver esto, Milly corrió inmediatamente á donde su padre,[17] quien, como antes se ha dicho,[18] era el profeta Francisco, uno de los principales caudillos de la nación, y le rogó que salvase[19] la vida del prisionero. Negóse á esto el jefe,[20] diciendo que no tenía autoridad para hacerlo.[21] Milly volvió entónces á donde los aprehensores, y les suplicó que perdonasen la vida del joven blanco; pero uno de ellos, que había perdido dos hermanas en la guerra, se negó á oir sus súplicas en favor[22] del prisionero, declarando que su vida pagaría los daños que él había recibido de[23] manos de la gente blanca.

No por esto desmayó el sentimiento de humanidad de Milly.[24] Arguyó y suplicó, diciendo al vengativo salvaje que estaba empeñado en[25] matar al prisionero, que la muerte de éste no restituiría la vida á sus hermanas. Después de muchos y generosos esfuerzos, consiguió rescatar[26] al prisionero de la horrible muerte á que había sido condenado por sus crueles aprehensores, los cuales le perdonaron la vida[27] bajo[28] condición de que[29] se raparia la cabeza á la moda indiana[30] y adoptaría sus trajes y género de vida, á lo cual el joven blanco asintió de mil amores.[31]

Algún tiempo después el redimido prisionero solicitó la mano de[32] su bienhechora; pero ella lo rehusó,[33] y más tarde se casó con uno de los suyos.[34] Su esposo ha muerto: su padre fué ejecutado según antes se ha dicho, y su madre y hermana no existen tampoco. Ahora se halla sin amigos y pobre, residiendo con[35] los suyos en su nuevo país, cerca de la desembocadura del río Verdigris. Tiene tres hijos,[36] un varón[37] y dos hembras,[38] todos demasiado jóvenes para proveerse á sí mismos, y por consiguiente dependen de su madre. En fuerza de estas circunstancias, el Ministro de la Guerra recomendó que se le concediese una pensión durante el resto de sus días.[39]

---

[1] *Así como*, "as well as."—[2] *Guerra de los Indios*, "Indian war."—[3] *Su*, "her."—[4] *Que iba á sufrir la pena de muerte*, literally "that was going to suffer the penalty of death"; translate "who was about to be put to death."—[5] *De*, "in."—[6] *Á*, "in."—[7] *Del*, "of."—[8] *No tenía aun dieciseis años*, literally "had not yet sixteen years"; translate "was under sixteen years of age."—[9] *Los blancos*, "white people."—[10] *Todas que*, "all of which."—[11] Omit *en que*.—[12] *Rio Apalachicola*, "Apalachicola river."—[13] *En medio de*, "in the midst of."—[14] *Grito de guerra*, literally "cry of war"; translate "war-

cry."—¹⁵ *Desnudo*, "naked."—¹⁶ *Para darle muerte*, literally "to
give him death"; translate "to put him to death."—¹⁷ *Estaba* is
understood.—¹⁸ *Como antes se ha dicho*, literally "as before it has
been said"; translate "as before stated."—¹⁹ *Que salvase*, "to save."
—²⁰ *Negóse á esto el jefe*, literally "denied himself to this the chief";
translate "this the chief declined."—²¹ *Para hacerlo*, literally "to
do it"; translate "to do so."—²² *En favor*, literally "in favor";
translate "in behalf."—²³ *De*, "at"; and add "the."—²⁴ *No por
esto desmayó el sentimiento de humanidad de Milly*, literally "not by
this fainted the sentiment of humanity of Milly"; invert the order
of this sentence, thus: *El sentimiento de humanidad de Milly no des-
mayó por esto;* and translate "the humane feeling of Milly was not
discouraged on account of this."—²⁵ *Estaba empeñado en*, "was bent
on."—²⁶ *Consiguió rescatar*, literally "she obtained to rescue"; trans-
late "succeeded in rescuing."—²⁷ *Le perdonaron la vida*, literally
"they pardoned him the life"; translate "spared his life."—
²⁸ *Bajo*, "on."—²⁹ Omit *de*.—³⁰ *Á la moda indiana*, literally "to the
fashion Indian"; translate "after the Indian fashion."—³¹ *De mil
amores*, literally "of thousand loves"; translate "very joyfully,"
or "very willingly."—³² *Solicitó la mano de*, literally "solicited the
hand of"; translate "sought in marriage."—³³ *Lo rehusó*, literally
"she refused it"; translate "she declined."—³⁴ *Los suyos*, literally
"the hers"; translate "her own people."—³⁵ *Con*, "among."—
³⁶ *Hijos*, "children"; when *hijos* is used in the plural, no distinc-
tion of sex is involved in the meaning of this word.—³⁷ *Varón*, lit-
erally "male"; translate "boy."—³⁸ *Hembras*, literally "female";
translate "girls."—³⁹ *Días*, literally "days," may be translated
"life," as more usual in English.

LECCIÓN VIGÉSIMOSÉPTIMA.

LA CASCADA DEL NIÁGARA.

TRADUCIDO DEL ORIGINAL INGLÉS DE BEECHER.—(FRAGMENTO.)

AL acercarnos á las cascadas¹ de la ribera cana-
dense, la primera indicación de nuestra proximidad

á ellas fué un ronco rugido que apenas se oía á la distancia de cuatro ó cinco millas; pero que se hacía[2] más sensible á medida que[3] avanzábamos, hasta que, á la distancia de dos millas, sonaba como la voz de muchas aguas.

Una columna de niebla que se elevaba como el humo sobre un abismo, marcaba más determinadamente que lo que el sonido podía, la exacta posición de aquella escena de maravillas. A una milla de las cascadas, el río corre mansa, rápida y silenciosamente,[4] como si ignorase[5] el destino que le espera, hasta que de pronto[6] cae desde una distancia aparente de diez ó doce pies, y sus aguas espuman, hierven, se remolinan, y corren en todas direcciones. En este sitio, la orilla forma un recodo, y permite á[7] las aguas extenderse en bajíos sobre una extensión dos veces tan ancha como el canal natural del río.

Una parte de las aguas, como si esperasen[8] escaparse, se precipitan entre la ribera americana y la isla, cuya costa forma una parte de la serie de peñascos que á un lado y otro constituye la cascada; y allí se lanzan por el precipicio, y se estrellan en las rocas debajo. Esta es la parte más elevada y más bella de la catarata.

Del[9] otro lado de la isla, se precipita una gran masa de aguas que cae tronando por el precipicio abajo, casi hasta llegar á la ribera canadense. En la confluencia de estos dos lados de la catarata es donde cae el mayor volumen de agua. La profundidad del canal en la parte de arriba no puede verificarse; pero juzgo que es de quince á veinte pies.

¹ *Al aproximarnos á las cascadas*, literally "at the approaching ourselves to the falls"; translate "on our approaching the falls." —² *Se hacía*, literally "made itself"; translate "was."—³ *Á medida que*, literally "at measure that"; translate "as."—⁴ *Mansa, rápida y silenciosamente*, "swiftly, rapidly, and silently." It should be *mansamente, rápidamente y silenciosamente;* but, for the sake of euphony, we omit the termination *mente* when more than one adverb of this kind come in succession, as in the present case.—⁵ *Ignorase*, "ignoring."—⁶ *De pronto*, "of soon"; translate "suddenly." —⁷ Omit *á.*—⁸ *Esperasen*, "hoping."—⁹ *Del*, "on the."

LECCIÓN VIGÉSIMOCTAVA.

DE LA¹ POESÍA.

(TRADUCIDO DEL ORIGINAL INGLÉS DE CHANNING.)

I.—LA poesía nos parece la más divina de todas las artes, porque es la expresión de ese principio ó sentimiento, el más profundo y sublime de la humana naturaleza; queremos decir, de esa sed ó ambición de que no está agena ningún alma),² por alguna cosa más pura y más bella, más alta y más sorprendente que la vida real y ordinaria.

En una naturaleza intelectual, hecha para el progreso y para elevados modos de existencia, debe haber³ energías creadoras, facultades de pensamientos originales y cada vez más grandes;⁴ y la poesía es la forma bajo la cual⁵ se manifiestan principalmente esas energías.

La gloriosa prerogativa de este arte,⁶ es que hace nuevas todas las cosas para satisfacer á un instinto divino. Encuentra sus elementos en lo que ve y observa en el mundo material é intelectual; pero los combina todos y los mezcla bajo nuevas formas, según nuevas afinidades, y quebranta, por decirlo así,[7] las distinciones y límites de la naturaleza.

Da vida, sentimiento y emoción á los objetos materiales, y reviste la mente con las facultades y esplendores de la creación exterior; describe el universo que nos rodea con los colores que las pasiones les dan; y pinta el ánimo en sus diferentes estados de reposo ó agitación, de ternura, ó emoción sublime, que manifiestan su ansia por una existencia más elevada y llena de goces.

Por consiguiente, creemos que la poesía, lejos de causar daño[8] á la sociedad, es uno de los grandes instrumentos de civilización y progreso. Eleva el ánimo sobre la esfera de la vida ordinaria, concede treguas[9] á las penas, y despierta en el alma la conciencia de su afinidad con todo lo que hay de[10] bello, puro y noble.

II.—En sus verdaderos y más altos esfuerzos, tiene la misma tendencia y mira que el[11] Cristianismo; esto es, espiritualizar nuestra naturaleza. Es verdad que algunos han hecho la poesía instrumento del vicio, y tercera de malas pasiones; pero cuando el genio así baja de punto,[12] obscurece su luz, y se despoja de gran parte de su poder; y aun cuando la poesía se esclavice á la licencia y á la misantropía, no puede olvidar enteramente su verdadera vocación.

Tonos de sentimiento puro, pinceladas de ternura, imágenes de inocente felicidad, simpatías ̗con lo que hay de bueno en nuestra naturaleza, arranques de desprecio ó indignación contra la vaciedad del mundo, pasajes verdaderos de[13] nuestra condición moral,—se escapan á menudo en una obra de tendencias inmorales, y demuestran cuán difícil es para un espíritu privilegiado el[14] divorciarse enteramente de lo que es bueno. La poesía tiene una alianza natural con nuestras mejores afecciones. Se deleita en la belleza y sublimidad del alma y de la naturaleza exterior.

Es cierto que retrata con una energía terrible los excesos de las pasiones; pero son pasiones que muestran una naturaleza poderosa, que imponen terror y que excitan una simpatía profunda aunque estremecedora. Su principal tendencia y propósito es llevar el ánimo más allá[15] y más arriba[16] de las trilladas y tediosas sendas de la vida ordinaria; levantar ésta á un elemento más puro, é inspirar en nuestras almas[17] una emoción más generosa y profunda.

Nos revela lo bello de la naturaleza; nos recuerda los dulces sentimientos de la juventud; revive el gusto de los placeres inocentes; conserva inestinguible el entusiasmo que fervorizaba la primavera de nuestra existencia; purifica el amor juvenil; vigoriza nuestro interés hacia la humanidad, por medio de vivas pinturas de sus más tiernos y elevados sentimientos; extiende nuestras simpatías sobre todas las clases de la sociedad; nos ata, con nuevos lazos, á la existencia universal; y, á favor del[18] brillo de sus proféticas visiones, nos inspira la fe[19] de la vida futura.

¹ *De la*, "on."—² *De que no está agena ningún alma*, literally "of which not is stranger no soul"; translate "to which no soul is a stranger." At the same time we should observe that though *ningún* should be feminine, to agree with *alma*, we use the masculine for the sake of euphony, thus avoiding the collision of two *a* coming together.—³ *Debe haber*, literally "it ought to have"; translate "there must be."—⁴ *Cada vez más grandes*, literally "every time greater"; translate "ever-growing."—⁵ *Bajo la cual*, literally "under the which"; translate "in which."—⁶ *Arte*, "art"; this word is indiscriminately used either as masculine or feminine, according to good sound.—⁷ *Por decirlo así*, literally "for to say it so"; translate "if we may so say."—⁸ *Causar daño*, literally "to cause harm"; translate "injuring."—⁹ *Concede treguas*, literally "it grants truces"; translate "it gives a respite."—¹⁰ *Lo que hay de*, literally "what there is of"; translate "what is."—¹¹ *Que*, "with." —¹² *Baja de punto*, literally "it lowers of point"; translate "it stoops."—¹³ *De*, "to."—¹⁴ Omit *el*.—¹⁵ *Más alla*, literally "more there"; translate "beyond."—¹⁶ *Más arriba*, literally "more above"; translate "above."—¹⁷ *Inspirar en nuestras almas*, literally "to inspire in our souls"; translate "to inspire our souls with."—¹⁸ *Á favor del*, literally "at favor of the"; translate "through the."—¹⁹ *Nos inspira la fe*, literally "us inspires the faith"; translate "inspires us with the faith."

LECCIÓN VIGÉSIMONONA.

NO ESTÉS TRISTE.

¿Por qué inclinas tu frente, hermosa mía,
Cual si la hollara triste pensamiento?¹
¡Esa mirada lánguida y sombría
Me abrasa el corazón² con fuego lento!

Esa lágrima que brilla
En tu rostro, mis amores,

Tal vez marchita las flores
De tu cándida mejilla.

Esa honda cavilación
Pondrá[3] tu frente sombría,
Y el esplín con mano impía
Te oprimirá el corazón.

Serás como hermosa estrella
Que en la mitad de su viaje
Se esconde en pardo celaje
Y amortece su luz bella.

Serás como florecilla
Que apenas abre y se mece
Cuando el viento la estremece,
Y se marchita y se humilla.[4]

Quita ese velo lúgubre y sombrío
Que nubla el porvenir, y nunca llores—
Alza la frente, y mírame,[5] ángel mío—
Abre tu boca, y háblame de amores.   T.

[1] *Cual si la hollara triste pensamiento;* invert the order of this
sentence and read thus: *Cual si triste pensamiento la hollara.*—[2] *Me
abrasa el corazón,* literally "it burns me the heart"; translate "it
burns my heart."—[3] *Pondrá,* literally "it will put"; translate "it
will make."—[4] Omit *se* before these verbs *mece, marchita, humilla,*
used in this stanza.—[5] *Mírame,* literally "look me"; translate
"look at me."

LECCIÓN TRIGÉSIMA.

LENGUAJE DE LOS ANIMALES.

I.—EL hombre puede considerarse como el único animal que goza del[1] don de la palabra; y en esto se manifiesta muy especialmente su superioridad sobre los brutos. Por medio de la palabra extiende su imperio sobre toda la naturaleza, y se eleva hacia su divino autor, á quien contempla, obedece y adora. La facultad de la palabra lo habilita para hacer conocer[2] sus necesidades á los otros, y obtener los servicios de ellos. Todos los animales, excepto el hombre, están privados de esta facultad, porque se hallan destituídos de este raciocinio por el cual podemos adquirir el conocimiento de las lenguas y del uso de la palabra. Pero como los animales poseen la facultad de expresar sus necesidades y sentimientos por signos naturales, debemos concederles una especie de lenguaje, si bien[3] muy inferior y que solamente consiste en la diversidad de los tonos que emiten.

Para formar de esto una idea exacta no se requieren muy laboriosas ni profundas investigaciones;[4] y bastará observar los animales que diariamente vemos y con los cuales estamos en contacto familiar. Examinemos, por ejemplo, la gallina y sus pollos: cuando encuentra alguna cosa, los llama y los invita á participar de ella: ellos comprenden su llamamiento, y acuden al instante.[5] Si la pierden de vista,[6] sus lastimosos gritos manifiestan su desconsuelo y el deseo que tienen de verla. Observad los diferentes gritos del gallo al .ver que se aproxima algún perro ó alguna persona extraña, ó cuando llama ó responde á sus gallinas, ó cuando se cierne sobre ellos algún ave de rapiña. Oid los lamentables gritos de la pava, y ved á sus chicuelos esconderse inmediatamente; la madre mira hacia arriba con ansiedad, y ¿qué ha descubierto?—un punto negro que nosotros apenas podemos distinguir, y es un ave de rapiña que no puede escaparse á la vigilancia de la cuidadosa madre. El enemigo desaparece, y ella da[7] un grito de gozo; cesa su ansiedad, y los polluelos se reunen otra vez gozosamente enrededor de su madre.

Los gritos del perro son muy variados y expresivos. ¿Quién puede observar sin emoción el gozo que este fiel animal expresa á la vuelta de su amo? Brinca, baila, corre, alrededor de él;[8] ora se pára y le mira con el mayor afecto y ternura, ora se le acerca, le lame, y le acaricia repetidas veces; luego renueva sus alegres cabriolas, desaparece, vuelve, toma diferentes actitudes de retozo,[9] ladra, y manifiesta su gozo de mil[10] maneras.

II.—¡Cuán diferentes son estos gozosos acentos de los que emite por la noche,[11] cuando descubre á un ladrón ó á una persona extraña! Si seguimos á un sabueso ó á un perdiguero, veremos cuán variados son sus gritos y actitudes, según lo que quieren expresar, y cuán significantes son los movimientos de sus orejas y cola.

Esto puede proporcionarnos nueva ocasión de[12] admirar la sabiduría del Ser Supremo, que así ha manifestado á todas las criaturas su tierna solicitud,

dándoles la facultad de expresar por medio de soni-
dos sus sentimientos y necesidades. Por consecuen-
cia de la peculiar organización de los brutos, les es
imposible[13] pronunciar el lenguaje de los hombres;
pero aunque destituídos de esa facultad, pueden, por
merced de Dios, comunicar sus sensaciones unos á
otros,[14] y aun al hombre mismo.[15] Poseen la facul-
tad de producir y variar cierto número de sonidos,
y es tal la estructura de sus órganos, que cada especie
tiene tonos peculiares por medio de los cuales expre-
san lo que quieren decir, con tanta perfección cuanta
requiere su naturaleza[16] y el fin para que han sido
creados.

¡Cuán superior, pues, es el hombre á los otros ani-
males por su facultad de la palabra! El lenguaje
de los brutos consiste en la emisión de sonidos im-
perfectos: son incapaces de comparar y combinar las
ideas, y su conocimiento de los objetos exteriores es
muy limitado, al paso que[17] el hombre posee facul-
tades que le habilitan para ascender de las ideas par-
ticulares á las generales, y separar el objeto de las
cualidades que lo distinguen. Tributemos, pues,
nuestras alabanzas al Todopoderoso por la superiori-
dad de nuestra naturaleza, y las grandes facultades
que nos ha concedido.

¹ *Del*, omit *de.*—² *Para hacer conocer*, "to make known."—³ *Si
bien*, literally "if well"; translate "though."—⁴ *No se requieren
muy laboriosas ni profundas investigaciones*, literally "not are re-
quired very laborious nor profound investigations"; translate "no
very laborious or profound investigations are required."—⁵ *Al ins-
tante*, literally "at the instant"; translate "instantly."—⁶ *Si la
pierden de vista*, literally "if they her lose of sight"; translate "if
they lose sight of her."—⁷ *Ella da*, literally "she gives"; trans-

late "she utters."—² *Alrededor de él*, literally "at the round of him"; translate "round him," or "about him."—⁹ *De retozo*, literally "of sport"; translate "sportful."—¹⁰ *De mil*, literally "of thousand"; translate "in a thousand."—¹¹ *Por la noche*, literally "by the night"; translate "at night."—¹² *De*, "to."—¹³ *Les es imposible*, literally "to them is impossible"; translate "it is impossible for them."—¹⁴ *Unos á otros*, literally "one to others"; translate "one another."—¹⁵ *Mismo*, literally "same"; translate "himself."—¹⁶ *Con tanta perfección cuanta requiere su naturaleza*, literally "with as much perfection as much requires their nature"; translate "with as much perfection as their nature requires."—¹⁷ *Al paso que*, literally "at the step that"; translate "while."

LECCIÓN TRIGÉSIMOPRIMERA.

HIMNO DE ALABANZA Á DIOS.

¡ALABAD al Señor, porque es omnipotente! Él puede contar el número de las estrellas, y llamar á cada una por su nombre. Tú, tierra, y vosotros, cielos, celebradle; su nombre es grande y glorioso; el cetro de su poder os rige con majestad. Celebrad al Todopoderoso!

Unid vuestras voces para bendecir al Dios de misericordia. Vosotros que estáis desamparados, venid á él: venid á vuestro padre: él es apacible, misericordioso y benévolo;—Dios de paz, de¹ caridad y de² amor.

Los cielos se³ obscurecen; pero es para regar la tierra con lluvias fertilizadoras. La verdura embellece nuestros campos; la hierba crece, y los frutos

maduran, porque las nubes derraman desde el cielo
la merced de nuestro Dios, que está lleno de bondad.
Que todo lo que⁴ respira glorifique al Señor.⁵ Los
brutos y las aves, los peces y los insectos, todos son
objetos de su solicitud, todos son alimentados por su
bondad.   Alabemos y ensalcemos á nuestro Padre ce-
lestial.   ˈ

Su palabra es una fuente de vida y salvación.
Grande es el Señor: los cielos son su dosel; la nube
del trueno es su carro, y el relámpago va á su lado.

El esplendor de la mañana no es más que⁶ el re-
flejo de sus vestiduras.

Estrellas, luminarias de su palacio; vosotros, ra-
yos solares, brillad para gloria suya:⁷ tú, mar, celé-
brale: olas, levantad vuestras espumas en honor suyo:
ríos, murmurad sus alabanzas en vuestra corriente.
Rugid, leones de la selva: cantadle himnos, alados
habitantes del aire: ecos, repetid sus alabanzas;—
que toda la naturaleza, en armonioso concierto, cele-
bre su grandeza.   Y tú, oh hombre! mezcla tu voto
de gracias⁸ con el himno universal.

---

¹ Omit *de*.—² Omit *de*.—³ Omit *se*.—⁴ *Lo que*, "what."—⁵ *Que
todo lo que respira glorifique al Señor*, literally "that all the that
breathes may glorify to the Lord"; translate "let every thing
that breathes glorify the Lord."—⁶ *Mas que*, literally "more than";
translate "but."—⁷ *Para gloria suya*, literally "to glory his"; trans-
late "to his glory."—⁸ *Voto de gracias*, literally "vow of thanks";
more correct, or usual, "thanksgiving."

LECCIÓN TRIGÉSIMOSEGUNDA.

RESIGNACIÓN.

I.

Yo me[1] era un niño cándido, inocente,
En las diez primaveras que contaba:
Mi madre con su amor me[2] coronaba
De besos y de lágrimas la[3] frente;

Y yo me[4] arrodillaba y le decía:—
"Oh! cuánto te amo, dulce madre mía!"

II.

Y ella murió; mi corazón aun tierno
Como agostada flor se marchitaba;
Mas ví á Elvira, la amé y ella me amaba,
Y juramos amor puro y eterno.

Su alma llenó de luz mi alma sombría,
Y yo le dije: "te amo, vida mía!"

III.

Y la perdí también . . . Dios lo mandaba—
Lloré, maldije, blasfemé . . . insensato!
Luego escuché una voz, un nombre grato.
Que una niña en su cuna balbuciaba;

Y yo besé su boca, y le decía:—
"Tu eres mi ángel de paz, oh hija mía!"

IV.

El polvo del sepulcro los esconde:
Mi frente está abatida, el[5] pecho yerto . . .
¿Dónde iré yo, si el mundo es un desierto,
Y grito y llamo y nadie me responde?

Mas ah! la Fe, la Religión—ya sigo—
Perdóname, Señor; yo . . . te bendigo!

Así de un arpa al son[6] triste cantaba
El noble bardo en la vejez sombría;
Y su voz en los aires espiraba,
Y en[7] su rostro una lágrima corría.   **T.**

[1] *Me;* omit this pronoun : though correct, it is seldom used by modern writers.—[2] Omit *me.*—[3] *La,* translate "my."—[4] Omit *me.*—[5] *El,* "my."—[6] *Al son,* "to the sound."—[7] *En,* "down."

LECCIÓN TRIGÉSIMOTERCIA.

HABITACIONES DE LOS CASTORES.

I.—Si á[1] un hombre que jamás hubiese oido hablar de la industria de los castores y de la manera de fabricar sus habitaciones, se le enseñasen[2] los edificios que construyen, creería que eran obra de hábiles arquitectos.   Todo es maravilloso en los trabajos de estos animales anfibios.   El plan regular, el tamaño, la solidez y el admirable arte de sus fábricas, deben llenar de[3] asombro á todo atento obser-

vador. Los castores elijen para su residencia un
lugar donde haya[4] abundancia de provisiones, y un
río en que puedan formar un lago donde bañarse.
Empiezan por construir un dique ó muro, el cual
mantiene el agua al nivel del[5] primer piso de su
fábrica: este muro es á veces una obra prodigiosa, de
diez á doce pies de espesor[6] en su cimiento: es hecha
con declive,[7] y disminuye gradualmente en anchura
hasta que, hacia la cima, no tiene más que dos pies
de ancho.[8] Los materiales de que se compone son
madera y barro. Los castores cortan, con gran facili-
dad, gajos de árboles tan gruesos como el brazo de
un hombre: los aseguran en la tierra por una de sus
extremidades, muy cerca unos de otros,[9] y atan al-
rededor de ellos otras varas que son menores y más
flexibles. Pero como el agua puede todavía pasar al
través[10] de esta cerca, y dejar secos sus baños, hacen
uso del barro para llenar todos los intersticios, tanto
de adentro[11] como de afuera;[12] y á proporción que el
agua sube, alzan su dique.

Cuando concluyen esta obra, empiezan á trabajar
en sus casas, las cuales son redondas, ó de forma oval,
divididas en tres pisos, uno sobre otro, y el más in-
ferior está más bajo que el dique, y por lo común[13]
lleno de agua. Si encuentran un islote cerca del
lugar de baños, edifican sus casas sobre él, por ser[14]
más firme y estar allí menos incomodados por el agua,
en la cual no pueden permanecer por mucho tiempo
seguido.[15] Si no encuentran esta conveniencia, cla-
van estacas en tierra, con ayuda de sus dientes, para
sostener su casa contra la fuerza del viento y del

agua. Hacen dos aberturas en el piso bajo para salir al[16] agua: una conduce al lugar donde se bañan, y la otra al punto en que depositan todo lo que puede ensuciar sus aposentos altos. Tienen una tercera puerta, más arriba, para salir en caso de que el hielo cierre las inferiores. Algunas veces construyen sus casas sobre terreno seco, y cavan fosos de cinco á seis pies de profundidad,[17] hasta encontrar el agua. Usan los mismos materiales y la misma industria para sus casas que para[18] sus diques. Las paredes son perpendiculares, y tienen cerca de dos piés de espesor.

II.—Cortan con los dientes las extremidades de los maderos y palos que salen fuera[19] de la pared; y mezclando barro con hierba seca, hacen una composición con la cual repellan con la cola la parte interior y exterior de su fábrica. El interior de ésta es en forma de arco, y su tamaño es proporcionado al número de habitantes. Un espacio de doce pies de largo y ocho ó diez de ancho es suficiente para ocho ó diez castores. Si el número es mayor, ensanchan su casa proporcionalmente.

Los instrumentos que usan los castores son cuatro dientes, fuertes y agudos; las dos patas delanteras, cuyos dedos están separados; las dos patas traseras, provistas de membranas; y la cola, que está cubierta de escamas, y es á manera de[20] una llana de albañil, de forma oblonga. Con estos sencillos instrumentos, exceden á nuestros albañiles y carpinteros con todo su aparato de llanas, escuadras, hachas, sierras, etc. Con los dientes cortan los árboles que usan para sus fábricas; con los pies delanteros cavan la tierra y preparan el barro; y con la cola conducen la mezcla y repellan sus casas.

En las obras de los castores se nota la mayor semejanza con las de los hombres, y á primera vista podemos creer que son producidas por seres racionales y pensadores; pero cuando las examinamos más de cerca,[21] encontramos que, en todos sus procedimientos, estos animales no obran bajo los principios de la razón, sino por un instinto de la naturaleza. Si la razón dirigiese sus trabajos, deduciríamos naturalmente que los edificios que ahora construyen serían diferentes de los que hacían antes, y que adelantarían gradualmente hacia la perfección. Pero vemos que jamás se apartan, en lo mas mínimo,[22] de las reglas de sus antepasados, ni se desvían del círculo que les ha prescrito la naturaleza; y los castores de hoy[23] en día fabrican exactamente bajo el mismo plan que los que vivían antes del diluvio; mas no por esto[24] son menos dignos de nuestra admiración.

[1] Omit *á.*—[2] *Se le enseñasen,* literally "would be shown to him"; translate "was shown."—[3] *De,* "with."—[4] *Haya,* literally "may be"; translate "is."—[5] *Al nivel del,* literally "at the level of the"; translate "level with the."—[6] *De espesor,* literally "of thickness"; translate "thick."—[7] *Con declive,* "sloping."—[8] *De ancho,* literally "of width," translate "wide."—[9] *Cerca unos de otros,* literally "near ones of others"; translate "near to each other."—[10] *Al través,* "through."—[11] *De adentro,* literally "of within"; translate "within."—[12] *De afuera,* "without."—[13] *Por lo común,* literally "for the common"; translate "commonly."—[14] *Por ser,* "as being."—[15] *Por mucho tiempo seguido,* literally "for much time followed"; translate "long at a time."—[16] *Salir al,* "to go out into."—[17] *De profundidad,* literally "of deepness"; translate "deep."—[18] *Que para,* literally "that for"; translate "as for."—[19] *Salen fuera,* literally "go out"; translate "project from."—[20] *Á manera de,* literally "at

manner of"; translate "like."—[21] *Más de cerca,* literally "more of near"; translate "nearer."—[22] *En lo mas mínimo,* "in the least."
—[23] *De hoy,* literally "of to-day"; translate "of the present time."
—[24] *Por esto,* "on account of this."

LECCIÓN TRIGÉSIMOCUARTA.

PLEGARIA.

BIEN venida al claro cielo,
Noche azul de ardiente estío,
Que eres bálsamo y consuelo
Del secreto dolor mío.[1]
¡Noche azul! ¡noche de amor
Libre pase mi suspiro[2]
Por[3] tus arcos de zafiro
Hasta el trono del Señor!

Libre pase cual la nube
De oriental mirra é incienso,
Que del santo templo sube
Á tu azul espacio inmenso:
Libre pase como el son
De la bróncea lengua, en calma,
Cuando anuncia que va un alma
Á la célica mansión.

De mi pecho en dulce alivio
Tibio y trémulo se exhala,[4]

Y así trémulo, así tibio
Por el labio mío resbala;
  Y en silencio y soledad
Por[5] los pliegues del gran manto
Vaga, gira, y va entre tanto
Á buscar la Eternidad.

  ¡Dios es todo! ¡Dios habita
En lo inmenso del espacio!
Su morada es infinita,
Todo el orbe es su palacio;
  Y esta lágrima de amor,
En secreto aquí vertida,[6]
Brilla, brilla suspendida
Ante el trono del Señor.

  ¡Ah! perdóname, Dios mío,
Si es profano á tu grandeza
Este canto que te envío
En mis horas de tristeza!
  Tuya es mi alma, tuyo el ser
Que así sufre y así siente;
Si te ofendo, Dios clemente,
Soy amante, soy mujer!

  Tú consuélame,[7] tú calma
Esta pena mía secreta,
Que en lo íntimo del alma
Clava y deja su saeta:
  Tú me ampara[8] en mi dolor,
Tú me atiende, tú me mira,

Aunque esta alma que suspira
No suspira sino amor!   T.

¹ *Del secreto dolor mío*, literally "of the secret grief mine";
translate "of my secret grief."—² *Libre pase mi suspiro*, "let my
sigh pass free."—³ *Por*, "through."—⁴ *Se exhala*, "is breathed."—
⁵ *Por*, "along."—⁶ *En secreto aquí vertida*, literally "in secret here
shed"; translate "here shed in secret."—⁷ *Tú consuélame*, literally
"thou console me"; translate "console thou me," &c.—⁸ *Tú me am-
para*, "support thou me."

LECCIÓN TRIGÉSIMOQUINTA.

LA ESPOSA.

(TRADUCIDO DEL ORIGINAL INGLÉS DE IRVING.)

I.—AMENUDO he tenido ocasión de observar la
fortaleza con que la mujer soporta los mayores re-
veses de la fortuna. Esos desastres que abaten el
espíritu del hombre y lo postran en el polvo, parecen
despertar todas las energías del bello sexo, y dar tal
intrepidez y elevación á su carácter, que, á veces, se
aproxima á la¹ sublimidad.

Nada puede ser más conmovedor que observar á
una mujer mansa y tierna, que había sido todo debi-
lidad y dependencia, y sensible á cualquiera disgus-
to trivial mientras hollaba las sendas de una vida
feliz, levantarse de pronto,² llena de fuerza mental,
para ser la consoladora y sostenedora de su marido en
la desgracia, y resistir con gran firmeza los más terri-
bles golpes de la adversidad.

Como la viña, que por largo tiempo ha enredado su gracioso follaje á la encina, y por ella se ha levantado á la luz del sol, y cuando el robusto árbol ha sido derribado por el rayo, ella le cubre con sus zarcillos y ciñe sus despedazadas ramas,—así la Providencia ha ordenado que la mujer, que no es mas que[3] un ser dependiente, un adorno, del hombre en sus horas más felices, sea su apoyo y solaz en la hora de la adversidad, introduciéndose ella en lo más escondido de su corazón, sosteniendo amorosamente la frente que se dobla,[4] y dando alivio al corazón despedazado.

Estas observaciones me traen á la memoria[5] una pequeña historia de que una vez fuí testigo. Mi íntimo amigo Leslie, se había casado con una hermosa joven que había sido educada en medio de una vida del gran mundo.[6] Es verdad que ella no tenía riquezas; pero las de mi amigo eran grandes, y él se[7] anticipaba el placer de proporcionarle todos esos delicados gustos y elegantes caprichos que esparcen una especie de encanto enderredor de la mujer.

Jamás entró pareja alguna por[8] la florida senda de un bien concertado matrimonio, en los verdes años[9] de la vida, con una perspectiva más bella y lisonjera. Sin embargo; mi amigo había empleado, por desgracia,[10] todo su capital en grandes especulaciones; y hacía pocos meses que estaba casado, cuando por una serie de repentinos fracasos, se vió reducido casi á la penuria. Por algún tiempo se guardó para sí el secreto de su situación, y andaba con un semblante sombrío y un corazón despedazado. Su vida era una prolongada agonía, y lo que la hacía más insoportable aun, era la necesidad de presentarse con cara alegre delante de[11] su esposa, porque él no podía decidirse á comunicarle las fatales nuevas. Ella, no obstante, muy pronto descubrió, con la solícita mirada del amor, que él sufría algún secreto pesar. Puso en práctica todas sus facultades para revivir en él la alegria y traerle de nuevo[12] á la felicidad; pero no hacía con esto sino clavar más profundamente el dardo en su corazón.

II.—Cuanto mayor causa veía él para amarla, más atormentador era el pensamiento de que pronto había de hacerla desgraciada. Un poco más, decia él para sí, y la sonrisa desaparecerá de esa mejilla: la canción morirá en esos labios: el pesar apagará el brillo de esos ojos; y el corazón feliz que ahora palpita dulcemente dentro de ese seno, se verá[13] abrumado como el mío por los cuidados y las miserias del mundo.

Al fin, llegóse[14] á mí un día, y me lo refirió todo con un tono de la más profunda desesperación. Cuando le hube oído, pregunté—"¿Sabe tu mujer todo eso?"—Á esta pregunta, prorrumpió en abundantes lágrimas. Ví que su llanto era elocuente y le dejé correr, porque el pesar no se alivia con[15] las palabras. Una vez pasado este parosismo,[16] y cuando él se hubo tranquilizado, volví á tocar la materia, y le exhorté á que de una vez revelase su situación á su esposa.

"Créeme, amigo mío,"—le dije, estrechándole[17] fervorosamente la mano;—"créeme; hay en el corazón de toda mujer leal una chispa de fuego del cielo que yace dormida durante los días de la prosperidad; pero que se[18] enciende, y brilla, y lanza llamas en la lóbrega noche de la desgracia. Ningún hombre sabe lo que es la esposa de su corazón, ningún hombre sabe qué ángel de consuelo es ella, hasta que con ella ha pasado[19] por[20] las terribles pruebas de este mundo.

Algunos días después vino á verme por[21] la noche. Había vendido su casa, y tomado una pequeña quinta en el campo, á[22] pocas millas del pueblo. La nueva habitación requería pocos muebles, y esos de los más sencillos. Todo el espléndido ajuar de su última mansión había sido vendido, excepto el harpa de su mujer.

Iba entonces á la quinta, donde ella había estado todo el día, dirigiendo su arreglo: yo estaba muy interesado en esta historia de familia y como era una hermosa tarde, me brindé[23] á acompañarle.

Él estaba cansado por[24] la fatiga del día; y cuando salimos cayó en una meditación melancólica.

"Pobre María!"—dijo al fin,[25] con un pesaroso suspiro.

"¿Y qué hay con ella?"[26]—preguntéle yo—"¿le ha sucedido algo?[27] está triste por el cambio?"

"¿Triste? Está llena de dulzura y buen humor. En verdad, parece de mejor ánimo[28] que jamás he observado en ella;—toda amor, ternura y consuelo."

"Admirable joven!"—exclamé yo. "Te llamas pobre, amigo mío; y jamás fuiste tan rico,—jamás conociste los inmensos tesoros de excelencia que[29] poseías en esa mujer."

III.—Después de separarnos del[30] camino real y

6

tomar un callejón estrecho, sombreado por espesos árboles, avistamos la quinta. En su apariencia era bastante humilde para el más pastoril poeta; y apesar de esto, tenía un aspecto azás agradable. Una parra silvestre había extendido su follaje sobre una parte de ella; algunos árboles la sombreaban, y observé algunas macetas de flores colocadas con gusto cerca de la puerta y en el batey[81] del frente.[82]

Una pequeña tranquera daba entrada á un trillo, que, al través de algunas maniguas, conducía á la puerta de la casa. Al momento de acercarnos oímos el son de una música: Leslie me apretó el brazo; nos detuvimos, y prestamos oído.[83] Era la voz de María, que cantaba, en un estilo de la más conmovedora sencillez, una canción de que su marido era particularmente aficionado.

Sentí la mano de Leslie temblar sobre mi brazo. Marché hacia adelante para oir mejor; pero sus pasos hicieron ruido en el trillo de arena: un rostro brillante y bello apareció por un momento en la ventana, y desapareció: oyéronse[84] unos ligeros pasos, y vimos á María que vino alegremente á encontrarnos. Estaba vestida con un lindo traje campestre, todo blanco; unas cuantas[85] flores silvestres se entretejían en sus hermosos cabellos; en sus mejillas había un bello color de rosa, y en sus labios una dulce sonrisa. Yo jamás la había visto tan hermosa.

"Mi querido Jorge,"—exclamo ella;—" ¡qué contenta estoy de[86] que hayas venido! He estado esperando largo tiempo por tí, y corriendo por la guardaraya abajo,[87] para ver si venías. He puesto la mesa bajo un hermoso árbol detrás de la casa, y he estado cojiendo algunas de las más deliciosas fresas, porque sé que eres aficionado á[38] ellas; y luego, tenemos tan excelente crema, y todo es aquí tan apacible y tan bello! Oh!"—añadió, pasando su brazo por dentro[39] del de Jorge, y mirándole alegremente á la cara[40]—"seremos tan felices!"

Mi amigo Leslie estaba abrumado por la emoción. La acercó á[41] su pecho: pasó sus brazos alrededor de ella: no podía hablar, pero las lágrimas brotaban de sus ojos; y muchas veces me ha asegurado que aunque sus asuntos han marchado prósperamente desde entonces, y su vida ha sido verdaderamente venturosa, jamás ha gozado un momento de más exquisita felicidad.

---

[1] *Se aproxima á la,* "approaches to."—[2] *De pronto,* "suddenly."—[3] *Que no es más que,* literally "who is no more than"; translate "who is but."—[4] *Se dobla,* "droops."—[5] *Me traen á la memoria,* literally "me bring to the memory"; translate "call to my mind."—[6] *Gran mundo,* literally "great world," from the French phrase "grand monde"; translate "fashionable world," or "life."—[7] Omit *se.*—[8] *Por,* omit this word.—[9] *Verdes años,* literally "green years"; translate "early years."—[10] *Por desgracia,* literally "by disgrace"; translate "unfortunately."—[11] Omit *de.*—[12] *De nuevo,* literally "of new"; translate "back."—[13] *Se verá,* literally "will be seen"; translate "will be."—[14] *Llegóse,* literally "arrived himself"; translate "he came."—[15] *Con,* "by."—[16] *Una vez pasado este parosismo,* literally "once passed this paroxysm"; translate "when this paroxysm had subsided."—[17] Omit *le.*—[18] Omit *se.*—[19] *Ha pasado,* "has gone."—[20] *Por,* "through."—[21] *Por,* "in."—[22] *Á,* "a."—[23] *Me brindé,* "I offered myself."—[24] *Por,* "with."—[25] *Al fin,* literally "at the end"; translate "at length."—[26] *¿ Y qué hay con ella ?* literally "and what is there with her?" translate "and what of her?"—[27] *¿ Le ha sucedido algo ?* literally "to her has happened any thing?" translate "has any thing happened her?"—[28] *De mejor ánimo,* literally "of better spirit"; translate "in better spirits."—

[20] Omit *que*.—[20] *Del*, "from the."—[21] *Batey*, this is the true equivalent of the English "grass-plat." *Batey, tranquera, trillo, manigua, guardaraya*, are Cubanisms not to be found in the Dictionary of the Spanish Royal Academy; but which are generally admitted to use by the best Cuban writers, as graphic signs of things peculiar to that country.—[22] *Del frente*, "in front."—[23] *Prestamos oído* literally "we lent ear"; translate "we listened."—[24] *Oyéronse*, "were heard." —[25] *Unas cuantas*, "a few."—[26] *De*, "that."—[27] *Por la guardaraya abajo*, "down the lane."—[28] *Á*, "of."—[29] *Por dentro*, "within."— [40] *Á la cara*, literally "to the face"; translate "in his face."— [41] *La acercó á*, literally "her approached to"; translate "took her to."

LECCIÓN TRIGÉSIMOSEXTA.

DEL[1] TRABAJO.

I.—EL hombre ó la mujer que desprecia al trabajador, manifiesta una falta de sentido común, y olvida que todos los objetos[2] que usamos son producto de más ó menos trabajo. Tiempos hubo en que los reyes y reinas estimulaban sus vasallos al trabajo, con[3] su ejemplo. La reina María trabajaba cierto número de horas todos los días,[4] y una de sus damas de honor le leía mientras ella manejaba la aguja. Washington y su esposa eran modelos de industria, frugalidad y economía.

La necesidad de trabajar impuesta al hombre es sin duda un gran bien. En los países donde se necesita una gran suma de trabajo para obtener lo necesario á la[5] vida, encontramos los habitantes más saludables, vigorosos y atléticos. Donde la naturaleza ha proveido más abundantemente á las necesidades materiales del hombre, lo encontramos más destituido de las conveniencias sólidas de la vida.

El trabajo al aire libre es más conveniente á la salud, y la agricultura proporciona mayor suma de felicidad, porque es la más independiente de todas las profesiones. Sembrar, cosechar y gozar de[6] los frutos de la tierra, y cuidar de las manadas y rebaños, fueron las ocupaciones primeramente señaladas al hombre por nuestro gran criador. Hoy en día,[7] la variedad es tan grande que todo el que quiere puede trabajar de la manera que mejor acomode á su antojo. Hay inmensa extensión de terrenos que todavía están incultos: nuestros talleres son numerosos y se aumentan día por[8] día, á la vez que[9] nuestro comercio se extiende á los mercados de todo el mundo.

Aquí, el trabajo mental tiene ocasión de extenderse y dilatarse; y el genio encuentra un campo tan ancho, pero más libre y congenial, que en cualquiera otra parte del mundo. Aquí, todas las facultades del cuerpo y del espíritu, físicas é intelectuales, están, más que en otros países, en mútua dependencia, y son mútuamente útiles las unas á las otras.[10]

II.—Por una parte,[11] el trabajo mecánico produce alimento y abrigo para el cuerpo, aumenta la riqueza pública, y descubre los tesoros de la tierra y del agua. Por otra,[12] el trabajo intelectual inventa los mejores medios, instrumentos y planes para la producción material; y hace leyes y reglas para la protección de las personas y propiedades, para el adelanto de la condición moral del hombre, y la paz y prosperidad de cada individuo y de la comunidad entera.

Pero pocos son tan ignorantes que no conozcan[18] su dependencia de los que están á su alrededor, ó más alto ó más bajo que ellos.[14] Este sentimiento de mútua dependencia produce armonía, aumenta la felicidad y promueve el orden social. Todos los que estudian su organización física deben descubrir pronto cuán falto de medios[15] se encontraría un hombre sin manos; y el mismo raciocinio nos llevará á apreciar igualmente á los pequeños que á los grandes[16] en nuestro cuerpo político, lo cual es uno de los principios fundamentales de un buen gobierno.

El trabajo induce también á los hombres á ser mejores ciudadanos. La ociosidad conduce al vicio y al crimen. Ni la experiencia, ni el sentido común,-ni ningún filósofo cristiano ni gentil, ha aconsejado la pereza. El hombre ha sido hecho para la acción, —para la acción noble, sublime y casi divina. Atienda bien á esto, para que no se sumerja[17] en un golfo de miseria y desgracia, contrariando los designios de nuestro Creador.

[1] *Del*, translate "on."—[2] *Todos los objetos*, literally "all the objects"; translate "every article."—[3] *Con*, "by."—[4] *Todos los días*, literally "all the days"; translate "every day."—[5] *Lo necesario á la vida*, literally "the necessary to the life"; translate "the necessaries of life."—[6] Omit *de.*—[7] *Hoy en día*, literally "to-day in day"; translate "at present," or "nowadays."—[8] *Por*, "after."—[9] *Á la vez que*, literally "at the time that"; translate "while."—[10] *Las unas á las otras*, "to each other."—[11] *Por una parte*, literally "for one part"; translate "on the one hand."—[12] *Por otra*, here *parte* is understood: translate "on the other hand."—[13] *Que no conozcan*, literally "that they may not know"; translate "as not to know."—[14] *Más alto*, "above": *más bajo*, "below."—[15] *Falto de medios*, liter-

ally "deficient of means"; translate "helpless."—[16] *Igualmente á los pequeños que á los grandes*, literally "equally to the small that to the great"; translate "the small as well as the great."—[17] *Para que no se sumerja*, literally "for that he not himself plunge"; translate "that he does not plunge."

LECCIÓN TRIGÉSIMOSÉPTIMA.

MI PENSAMIENTO Y MI ALMA.

LENTA, mansa y blandamente
Por entre[1] el bosque sombrío
Corre el cristal de una fuente
Que va á morir á algún río
Con su murmurio doliente;
    Y así manso, así süave,
Envuelto en lánguido acento
Vaste[2] á perder, pensamiento,
Como la pluma de un ave
Que en giros mil lleva el viento.[3]
    Tal vez por el cielo, errante,
De divina luz en pos[4]
Llegarás agonizante
Á las puertas de diamante
Del ígneo alcázar de Dios.
    Luego, siguiendo tu vuelo
Irá el alma en pos de tí,
Buscando también el cielo,
Que[5] entre las sombras del suelo
Ya mi esperanza perdí.

Y allí con esfuerzos vanos
Caëreis, cual dos hermanos
Que tornan al patrio hogar
Y mueren, dadas las manos,[6]
¡Tristes! sin poder llegar![7]
    Mas no! tal vez os levante[8]
Algún ángel á los dos,[9]
Y alzando el vuelo triunfante,
Entre su cendal brillante
Os lleve[10] á los pies de Dios!   T.

[1] *Por entre*, literally "by between"; translate "through."—
[2] *Vaste*, a compound word of *vas*, "thou goest," and *te*, "thyself," which should be omitted in English.—[3] *Que en giros mil lleva el viento*, literally "which in gyres thousand carries away the wind"; translate "which is carried away with a thousand gyres by the wind."—[4] *En pos*, literally "in rear"; translate "after," or "in search of."—[5] *Que*, "as," or "because."—[6] *Dadas las manos*, literally "given the hands"; translate "grasping each other's hand."—[7] *Sin poder llegar*, "being unable to reach the place."—[8] *Tal vez os levante*, literally "such time may lift you up"; translate "perhaps, will lift you up."—[9] *Á los dos*, literally "to the two"; translate "both."—[10] *Os lleve*, "will carry you."

LECCIÓN TRIGÉSIMOCTAVA.

EDUCACIÓN FÍSICA.

EL más sabio y mejor sistema de educación es indudablemente aquel que saca de la cuna al niño,[1] y lo conduce, al través de[2] la infancia y de la adolescencia, hasta la virilidad, de manera tal[3] que dé fuerza á su brazo, ligereza á sus pies, solidez á sus músculos, simetría á sus formas, y expansión á sus energías vitales.

Es claro que este ramo de educación comprende, no solamente el alimento y vestido, sino el aire, el ejercicio, el alojamiento, el levantarse temprano,[4] y cualquiera otra cosa que se requiere para el pleno desarrollo de la constitución física. La dieta debe ser simple; los vestidos no demasiado calientes, ni la cama demasiado blanda.

Los padres no deben observar demasiada restricción en el manejo de su hijo querido. Que al elegir sus juegos,[5] siga las sugestiones de la naturaleza. Que sus padres no se disgusten[6] á la vista de sus montones de arena en el camino, sus castillos de nieve en Febrero, y sus represas de lodo en Abril; ni cuando, en medio de un aguacero de Agosto, le vean correr, bañarse y jugar junto con las aves acuáticas.

Si quieren[7] hacerle fuerte é intrépido, deben dejarle salir fuera tan amenudo como guste, en los primeros días de su infancia, en lugar de tenerle encerrado todo el día con una estufa, y templar su cuarto de dormir[8] por el termómetro de Fahrenheit. Deben dejarle hacer frente[9] al cortante viento del norte, cuando el mercurio está bajo cero; y en vez de[10] hacer caso[11] de algún pequeño temblor ó de alguna queja cuando vuelve á casa,[12] alegrar su espíritu y mandarle otra vez fuera.[13]

De esta manera,[14] le enseñarán que no ha nacido para vivir en un hospicio de niños, ni criarse siempre junto al fuego; sino andar por fuera[15] tan libre como la nieve y el aire, y calentarse con el ejercicio. Yo amo y admiro al joven que no se retrae de la bramadora ráfaga del invierno, ni desmaya bajo el calor abrasante del verano; que nunca abulta los montoncillos de tierra hasta convertirlos en montañas, sino cuyo ojo atrevido escala los despeñaderos donde hace el águila su nido, y que está pronto á emprender cualquiera cosa que sea prudente y lícita, y que esté dentro de[16] los límites de lo posible.[17]

¿ Quién pensaría en plantar[18] la encina de la montaña en un invernáculo, ó el cedro del Líbano en la maceta de flores de una dama? ¿ Quién no sabe que para que[19] adquieran su poderosa fuerza y sus majestuosas formas, deben gozar libremente de[20] la lluvia y de[21] la luz del sol, y sentir el rudo empuje de la tempestad?

[1] *Saca de la cuna al niño*, literally "takes from the cradle to the infant"; translate "takes the infant from the cradle."—[2] *Al través de*, "through."—[3] *De manera tal*, literally "of manner such"; translate "in such a manner," or "so as to."—[4] *El levantarse temprano*, literally "the to rise one's self early"; translate "early-rising."—[5] *Que al elegir sus juegos*, literally "that at the to choose his plays"; translate "let him in choosing his play."—[6] *Que sus padres no se disgusten*, "let his parents not be discomposed."—[7] *Si quieren*, "if they would."—[8] *Cuarto de dormir*, "sleeping-room."—[9] *Hacer frente*, literally "to make front"; translate "to face."—[10] *En vez de*, literally "in time of"; translate "instead of."—[11] *Hacer caso*, literally "to make case"; translate "minding."—[12] *Á casa*, literally "to house"; translate "home."—[13] *Mandarle otra vez fuera*, literally "to send him another time out"; translate "send him out again."—[14] *De esta manera*, literally "of this manner"; translate "thus."—[15] *Andar por fuera*, literally "to walk by without"; translate "go abroad."—[16] Omit *de*.—[17] *Lo posible*, literally "the possible"; translate "possibility."—[18] *En plantar*, literally "in to plant"; translate "of planting."—[19] *Para que*, "in order to."—[20] Omit *de*.—[21] Omit *de*.

LECCIÓN TRIGÉSIMONONA.

RECUERDOS DE UNA MUJER.

I.

Cuando era yo una niña en el regazo
De tierna madre, en mi mejilla pura
Sentí caer su lágrima sublime[1]
Tras un beso de angélica ternura,
Y una voz escuché secreta y dulce
Como la voz del viento que susurra.

Y era el amor filial del alma mía
Que del beso y la lágrima nacía.[2]

II.

Luego más tarde[3] en[4] noche alegre y clara
Ví la pálida luz de alguna estrella
Allá en la inmensidad donde la guía
La mano de la santa Omnipotencia:[5]
Bajé mis ojos, se oprimió mi pecho,
Y el corazón me[6] palpitó con fuerza.

Y era el fuego, el volcán, la poesía
De un amor de quince años[7] que nacía.

III.

Era[8] ya madre, y yo mecía la cuna
Donde mi hermoso niño se dormía:[9]
Allí estaba mi cielo y mi esperanza,
Mi ambición, mi universo y mi familia;

Y fuí á besar su frente, y al besarla
Mi lágrima rodó por su mejilla.

Y era la luz, la santa idolatría
Del amor maternal que ya nacía.

IV.

Ahora la nieve de vejez tediosa
Blanquea la cumbre de mi vida amarga—
Ellos duermen el sueño de la tumba,
Y alguna vez que escucho la campana
Que llama al templo, doblo la rodilla
Y oigo la voz del ángel de mi guarda.[10]

Es el amor de Dios que ya me guía
Á la vida inmortal del alma mía![11]

[1] *En mi mejilla pura sentí caer su lágrima sublime,* literally "in my cheek pure I felt to fall her tear sublime"; translate "I felt her sublime tear falling on my pure cheek."—[2] *Nacía,* "was born." —[3] *Luego más tarde,* "later."—[4] *Una* is understood.—[5] *Donde la guía la mano de la Santa Omnipotencia,* invert the order of this sentence thus: *Donde la mano de la Santa Omnipotencia la guía* and then it will be easily translated.—[6] Omit *me.*—[7] *Un amor de quince años,* literally "a love of fifteen years." There is an ellipsis in this sentence, which should be constructed "a love of a maid fifteen years old"; and translated "a young maid's love."—[8] *Yo* is understood. —[9] *Se dormía,* "was asleep."—[10] *Ángel de mi guarda,* literally "angel of my guard"; translate "my guardian angel."—[11] *Del alma mía,* literally "of the soul of mine"; translate "of my soul."

LECCIÓN CUADRAGÉSIMA.

MATERNIDAD.

Ya en medio[1] del mar rïela
La tibia luz de la luna:
Tú duermes; y aquí en tu cuna
Mi amor dulcemente vela.
Y aunque hora[2] no me sonría
Tu labio[3] justo y sincero,
Dormida besarte quiero;[4]
Duerme, duerme, niña mía.[5]

Del baile alegre y brillante
Oigo los plácidos sones,[6]
Y el ruido de sus salones
Llega hasta aquí palpitante.
Allá entre[7] luz y armonía
Habrá[8] placer, ilusión;
Pero aquí mi corazón
Contigo está, niña mía.

Cuando yo, vivaz doncella,
Del baile el umbral pisaba,[9]
Nueva vida allí encontraba
Brillante, espléndida y bella;[10]
Y mi alma de su alegría
En las ondas se bañaba. . . .[11]
Mas ¡ah! ¡cuán poco duraba!
¡Duerme, duerme, niña mía!

Callaban[12] flauta y violín
En la sala ya desierta,[13]
Y del sarao á la puerta
Nos esperaba el quitrín.[14]
La ilusión desparecía,
El desencanto llegaba . . .
Pero tu amor no se acaba[15]
Como un baile, niña mía.

Triste luego ante el espejo
Deponía[16] el rico adorno
Que de mis sienes en torno
Derramaba su reflejo,[17]
Y sin orden desprendía
El lazo, la cinta, el broche . . .
¡Cuánto afan para una noche!
Duerme, duerme, niña mía.

Y cuando luego doblaba
En la almohada mi frente,
Largo rato[18] inútilmente
Con el insomnio luchaba.
Oh! entonce,[19] entónces sentía
De la inquietud el tormento,[20]
Y hora velándote[21] siento
Dulce placer, niña mía.

La ilusión á las doncellas
Las lleva sobre sus alas:[22]
Á ellas[23] flores y galas,—
Fiestas y bullicio á ellas.

Yo gocé también un día
Ese encanto pasajero.
Ya soy madre . . . ¿qué más quiero,
Qué más quiero, niña mía?

De mis días venturosos
Eres la dicha mayor,[24]
Tú, relicario de amor
De dos felices esposos.
Tú de mi vejez sombría
Luz y esperanza serás,[25]
Tú mis ojos cerrarás;
Duerme, duerme, niña mía.

Él viene . . . ! ya oigo sus pasos.
Oh! ¡qué ventura es ser madre!
Con amor de esposo y padre
Nos estrechará en sus brazos.
Ah! que tu boca sonría[26]
Cuando él te bese la frente . . .[27]
Mas no, reposa inocente;
No despiertes, niña mía.

[1] *En medio*, literally "in the midst"; translate "on."—[2] *Hora*, "now"; different from the noun *hora*, "hour."—[3] *No me sonría tu labio*, literally "not me may smile thy lip"; translate "thy lip smiles not for me."—[4] *Dormida besarte quiero*, literally "asleep to kiss thee I will"; translate "I will kiss thee while asleep."—[5] *Niña mía*, "my child."—[6] Invert the order of this sentence, thus: *Oigo los plácidos sones del baile alegre y brillante.*—[7] *Entre*, "amid," or "midst."—[8] *Habrá*, literally "will have," or "be"; translate "there may be."—[9] Invert the order, and read: *Pisaba el umbral del baile.*—[10] Invert the order, thus: *Encontraba allí vida nueva, brillante, espléndida y bella.*—[11] Invert, and read: *Se bañaba en las ondas de su alegría.*—[12] *Callaban*, "ceased to be heard."—[13] *Desierta*,

"deserted"; different from *desierta*, "wild," or "desert."—[14] Invert the order, and read : *El quitrín nos esperaba á la puerta del sarao.* —[15] *No se acaba*, literally "not itself ends"; translate "wastes not."—[16] *Yo* is understood.—[17] Invert the order, and read thus : *Que derramaba su reflejo en torno de mis sienes.*—[18] *Largo rato*, "for a long while."—[19] *Entonce*, the same as *entonces :* the final *s* is omitted for the sake of measure.—[20] Invert the order, and read : *El tormento de la inquietud.*—[21] *Velándote*, "watching thee."—[22] Invert the order of this sentence, thus : *La ilusión lleva á las doncellas sobre sus* ("its") *alas ;* and omit *las* (to them) after *doncellas*, as it is superfluous in English.—[23] *Á ellas ;* there is an ellipsis in this phrase ; it should read, *á ellas pertenecen*, &c.—[24] Invert the order, and read : *Tú eres la dicha mayor de mis días venturosos.*—[25] Invert and read : *Tú serás luz y esperanza de mi vejez sombría.*—[26] *Que tu boca sonría*, "let thy mouth smile."—[27] *Cuando él te bese la frente*, literally "when he thee may kiss the brow"; translate "when he will kiss thy brow."

LECCIÓN CUADRAGÉSIMOPRIMA.

EL OCÉANO Y LOS LAGOS.

(TRADUCCIÓN DEL INGLÉS DE MELLEN.)

HAY siempre un contraste entre los pequeños lagos y el grande océano. Rara vez se puede ver el mar[1] que no esté agitado[2] por la aproximación de la tempestad, ó por su furia en toda su extensión, ó por los vestigios que de ella quedan[3] antes de la bonanza completa. Hay siempre agitación dentro de[4] su seno. Se vé en él[5] algo que revela una perpetua inquietud,—un gran poder que no puede estar tranquilo. El rugido del trueno de la tempestad que acaba de pasar,[6] no es sino[7] el preludio de otra.

Pero id en medio del verano[8] al lago entre[9] las

colinas, y contempladle cuando todos los elementos
están en calma, y no sé que[10] podais encontrar en la
naturaleza una pintura más bella del reposo. Allí
no hay hinchadas olas, ni espumantes ondas que se[11]
rompen contra la playa, ni el sonido de la tempestad
que se[12] aleja, murmurando como un gigante mons-
truo, contra la sujeción que ha sufrido.

Veréis allí una superficie silenciosa como la muer-
te, y plácida al mismo tiempo. El agua se extiende
ante vuestros ojos como un espejo; y veis la cima
coronada de[13] bosques: y el hermoso valle, la selva,
y las arboledas, y las torres, y las nubes, y el firma-
mento, mirándose en él,[14] como[15] encantados de su[16]
propio retrato. Veis allí lo bello y lo grande, mez-
clando sus maravillas en soledad, y sentís cuánto más
sublime es el espectáculo, cuando se presenta en las
horas de tranquilidad de la naturaleza.

Entonces, si os detenéis en la orilla á la puesta
del sol,[17] cuando sus vivas tintes juegan en el firma-
mento, y veis el nuevo cielo creado en las aguas que
teneis ante los ojos, y contemplais su remedo de es-
plendor, sus colores que se desvanecen y sus rayos de
luz que se apagan, hasta que estrella tras estrella
empiezan á reflejarse en las ondas sombrías, segura-
mente admiraréis un cuadro que la naturaleza pre-
senta solo en esos augustos sitios de su imperio; algo
de bello[18] y de grande[19] que nunca puede presentar
en las inmensidades del piélago profundo; algo que,
represéntese donde se pueda,[20] excede á la mága del
pincel; algo en que gozarnos, algo porque debemos
dar gracias[21] al Creador.

7

[1] *Rara vez se puede ver el mar*, literally "rare time may be seen the sea"; translate "you can rarely look upon the sea."—[2] *Que no esté agitado*, literally "that it not may be agitated"; translate "when it is not agitated."—[3] *Que de ella quedan;* invert the order, thus: *que quedan de ella* (it).—[4] Omit *de.*—[5] *Se ve en él*, "it is seen in it."—[6] *Que acaba de pasar*, literally "that ends of to pass away"; translate "that has just passed away."—[7] *No es sino*, "is but."—[8] *En medio del verano*, literally "in the midst of the summer"; translate "in midsummer."—[9] *Entre*, "among."—[10] *No sé que*, "I know not that."—[11] Omit *se.*—[12] Omit *se.*—[13] *De*, "with."—[14] *Mirándose en él*, "gazing into it."—[15] *Como*, "as if."—[16] *Su*, "their."—[17] *Á la puesta del sol*, literally "at the setting of the sun"; translate "at sunset."—[18] *Bello*, literally "beautiful"; translate "beauty."—[19] *Grande*, literally "great"; translate "grandeur."—[20] *Represéntese donde se pueda*, literally "let it be developed where they can"; translate "be it developed where it may."—[21] *Algo porque debemos dar gracias*, literally "something for what we ought to give thanks"; translate "something for us to be thankful."

LECCIÓN CUADRAGÉSIMOSEGUNDA.

LOS DOS HERMANOS.

I.—En la primavera de 1824, hice conocimiento en una de las ciudades del sur, con un caballero que había venido de Inglaterra á este país con dos hijos[1] pequeños; el uno, un varón[2] de diez años, y la otra, una niña de nueve.[3] Ambos eran las más lindas criaturas que jamás he visto.[4] Su extrema belleza, su afección profunda y sin artificio, y sus frecuentes raptos de pueril é inocente alegría, me los hicieron tan queridos como[5] si yo hubiera sido el compañero de su infancia.

Ellos eran felices en sí mismos, felices el uno por el otro,[6] y felices en el mundo de la vida y de la naturaleza que los rodeaba. Yo no había conocido á la familia, sino por[7] pocos meses, cuando mi amigo se vió obligado á hacer un viaje repentino é inesperado á la América del Sur.[8] La idea de dejar á sus huérfanos hijos amargaba sus sentimientos; y como yo estaba á punto[9] de embarcarme para Liverpool, le prometí llevarlos donde sus parientes y amigos.

Mi partida se demoró[10] dos semanas; y durante este tiempo, viví bajo el mismo techo que[11] los niños que se habían puesto á mi cuidado.[12] Por algunos días estuvieron pensativos, y hacían frecuentes preguntas acerca de[13] su padre ausente; pero pronto se mitigó su tristeza, y el pesar de la ausencia del padre se convirtió en[14] una placentera esperanza de su regreso. Las pesadumbres de la infancia son como las gotas de rocío[15] sobre las plumas del águila, que desaparecen al momento en que[16] la orgullosa ave se eleva á los aires para gozar de los espléndidos rayos del alba.

Llegó, al fin,[17] el día de nuestra partida, y nos hicimos á la vela en una apacible tarde de verano.[18] Las azuladas cumbres de las lejanas colinas se reflejaban en las aguas; y cuando el sol, como imagen de su creador, trasmontó[19] en el occidente, aparecieron sobre las olas, sucesivamente, brillantes tintes de oro, púrpura y violeta, que flotaban como barcas que venían de una tierra encantada. Mis jóvenes compañeros contemplaban fija y silenciosamente aquellas escenas; y cuando desparecieron los últimos colores de la tarde, tomáronse la mano el uno al otro,[20] y derramaron algunas espontáneas lágrimas como un adiós á la tierra que habían amado. Poco después de la puesta del sol llevé á mis amiguitos á la cámara, y volví luego sobre[21] cubierta para contemplar el océano.

II.—Á cosa de media hora,[22] estando yo sentado aparte y solo, sentí que me estrechaban suavemente la mano,[23] y al volver mis ojos en torno,[24] ví que la niña estaba á[25] mi lado. Pocos momentos después, la estrella de la tarde empezó á centellear en el borde de una nube de color violado.[26] Al principio,[27] brillaba escasamente y á intervalos; pero después apareció esplendente, y resplandecía como una cosa santa sobre la faz de la noche.

La niña, que estaba á mi lado, fijó en ella sus ojos y la saludó con un tono que revelaba que había en su corazón un sentimiento extraordinario. Preguntó, con sencillez, si en la hermosa tierra adonde íbamos, podríamos ver también aquella linda estrella; y parecía mirarla como otro amigo que había de estar[28] con ella en su largo y tedioso viaje.

Durante la primera semana de nuestra travesía, no ocurrió ningún incidente importante. Algunas veces, el mar estaba tempestuoso; pero enseguida[29] abonanzaba, y parecía como un espejo, extendiéndose apaciblemente hasta la línea del horizonte. Al[30] octavo día de nuestro viaje, el niño se levantó pálido y abatido, y se quejó de indisposición. Á la[31] mañana siguiente se vió obligado por la fiebre á hacer cama;[32] y el médico del buque manifestó muchas dudas con respecto[33] al resultado de la enfermedad.

Jamás puedo olvidar la mirada de extremo dolor y de agonía que apareció en el rostro de la niña cuando conoció el peligro en que estaba la vida de su hermano. No lloraba, no se quejaba; pero hora tras hora estaba sentada junto[34] á la cama del joven enfermo, como una imagen del amor y de la aflicción. El niño se debilitaba y enflaquecía cada vez más.[35]

No podía devolver las prolongadas y ardientes caricias de su hermana; y al fin, una débil palpitación de su pecho, la elocuencia de sus ojos medio cerrados,[36] y á veces, un color de púrpura en sus pálidas mejillas, como la primera tinte de violeta de una nube de la mañana,[37] era todo lo que revelaba que aun no había pasado "el tenebroso día de la nada."[38]

La duodécima noche fué la más bella que jamás he visto, y persuadí á la niña á que viniese[39] por un rato[40] sobre cubierta,[41] para que la brisa vespertina refrescase su abrasada frente. El sol se había traspuesto,[42] y los restos de su purpúrea luz se veían aun sobre las aguas del occidente.

Las estrellas aparecían poco á poco, pero brillantemente, en la bóveda del cielo, y otro firmamento aparecía debajo; y la espuma sobre la cresta de las olas brillaba como guirnalda de nieve. Había música en cada ola, y sus dulces tonos flotaban como el sonido de blanda brisa entre un bosque de cipreses.

Pero ni la música ni la belleza tenían encanto para el corazón de mi amiguita; le señalé la estrella que ella siempre había gustado contemplar; pero su única respuesta fué un suspiro, y volví con ella á la cabecera de su hermano. Al punto conocí que se estaba muriendo.

III.—Ella se sentó á su lado; acercó su boca á los pálidos labios del enfermo; y después, como de costumbre,[43] fijó en su rostro la melancólica mirada. De súbito los ojos del niño brillaron por un momento, y pronunció el nombre de su hermana. Ella respondió con una caricia apasionada, y me miró á la cara como si implorase[44] consuelo.

Yo sabía que sus esperanzas no eran más que ficción. Un momento después, pasó sobre los labios del moribundo niño un temblor convulsivo; luego, un ligero sacudimiento por todo su cuerpo, y quedó en calma. La niña conoció, como por intuición,[45] que su hermano había muerto. Sentóse con un silencio sin lágrimas;[46] pero ví que las aguas de amargura se agolpaban[47] á su fuente. Al fin, levantó las manos con un súbito esfuerzo, y apretándolas contra[48] su frente, lloró con la incontrastable agonía de la desesperación.

Al siguiente día el cadáver del niño fué entregado[49] á las olas. La niña sabía que debía ser así; pero luchaba por apartar de sí[50] aquel pensamiento, como una visión terrible. Al acercarse la hora señalada,[51] vino y me rogó, con un tono que, menos que voz humana, parecía la de un espíritu separado del cuerpo, que fuese[52] á mirar á su hermano, y viese si de veras estaba muerto.

No pude resistir á sus súplicas, y fuí con ella á ver el cadáver. Ella se detuvo junto á[53] la cabecera, y yo casi creí que su vida iba á extinguirse en la mirada fija y prolongada que le dió.[54] Ne se movió, no pronunció una sola[55] palabra, hasta que se llevaron la forma del que tanto amaba,[56] para entregarla al océano.

Entónces se levantó, y siguió á su hermano muerto, con una calma que parecía del cielo.[57] El cuerpo se hundió, y despareció solemnemente bajo las olas; aparecieron sobre las aguas, unos tras otros, varios círculos brillantes, y todo lo que en un tiempo[58] había sido gozo y belleza acabó para siempre.

Durante el resto de nuestro viaje, la desconsolada hermana parecía marchitarse;[59] pero estaba bella como una nube en un mediodía de verano.[60] Su corazón había perdido su comunión con la naturaleza: amenudo fijaba sus ojos en el mar y murmuraba palabras incoherentes acerca de sus frías y solitarias profundidades; pronunciaba el nombre de su hermano y lloraba amargamente, hasta que se restituía á la calma.

---

[1] *Hijos*, "children."—[2] *Un varón*, literally "a male"; translate "a boy."—[3] *Años* is understood.—[4] *Que jamás he visto*, literally "that never I have seen"; translate "I ever saw."—[5] *Me los hicieron tan queridos como*, literally "me them made as dear as"; translate "made them as dear to me as."—[6] *El uno por el otro*, "in each other."—[7] *Por*, "a."—[8] *América del Sur*, "South America."—[9] *Á punto*, "on the point."—[10] *Se demoró*, "was delayed."—[11] *Que*, "with."—[12] *Que se habían puesto á mi cuidado*, "that had been consigned to my charge."—[13] Omit *de*.—[14] *En*, "into."—[15] *Gotas de rocío*, "dew-drops."—[16] Omit *en que*.—[17] *Al fin*, "at last."—[18] *Tarde de verano*, "summer evening."—[19] *Trasmontó*, "sunk down."—[20] *Tomáronse la mano el uno al otro*, literally "they took themselves the hand the one to the other"; translate "they took each other's hand."—[21] *Sobre*, "upon."—[22] *Á cosa de media hora*, literally "at thing of half hour"; translate "about half an hour after."—[23] *Sentí que me estrechaban suavemente la mano*, literally "I felt that they me

pressed softly the hand"; translate "I felt my hand gently pressed."—⁹⁴ *En torno*, "round."—⁹⁵ *Á*, "by."—⁹⁶ *Color violado*, "violet color."—⁹⁷ *Al principio*, literally "at the beginning"; translate "at first."—⁹⁸ *Que había de estar*, literally "that had of to be"; translate "that was to be."—⁹⁹ *En seguida*, "soon after."— ³⁰ *Al*, "on the."—³¹ *Á la*, "on the."—³² *Á hacer cama*, literally "to make bed"; translate "to keep bed."—³³ *Con respecto*, literally "with respect"; translate "in regard."—³⁴ *Junto á*, "by."—³⁵ *Cada vez más*, literally "every time more"; translate "more and more." ³⁶ *Medio cerrados*, "half closed."—³⁷ *Nube de la mañana*, "morning cloud."—³⁸ *Nada*, "nothingness."—³⁹ *Á que viniese*, literally "to that she might come"; translate "to come."—⁴⁰ *Por un rato*, "for a while."—⁴¹ *Sobre cubierta*, "upon deck."—⁴² *Traspuesto*, "sunk down."—⁴³ *De costumbre*, literally "of custom"; translate "usual." —⁴⁴ *Como si implorase*, literally "as if she would implore"; translate "as if imploring."—⁴⁵ *Por intuición*, literally "by intuition"; translate "intuitively."—⁴⁶ *Sin lágrimas*, "tearless."—⁴⁷ *Se agolpaban*, "were gathering."—⁴⁸ *Contra*, "upon."—⁴⁹ *Fué entregado*, "was committed."—⁵⁰ *Apartar de sí*, "to drive away."—⁵¹ *Al acercarse la hora señalada*, "when the appointed hour approached," or "was at hand."—⁵² *Que fuese*, literally "that I would go"; translate "to go."—⁵³ *Junto á*, "by."—⁵⁴ *Que le dió*, "that is cast on him."—⁵⁵ *Una sola*, "a single."—⁵⁶ *Del que tanto amaba*, literally "of the whom she so much loved"; translate "of the one she loved so much."—⁵⁷ *Del cielo*, "heavenly."—⁵⁸ *En un tiempo*, literally "in one time"; translate "once."—⁵⁹ *Parecía marchitarse*, literally "she appeared to fade herself"; translate "she seemed fading away."—⁶⁰ *Mediodía de verano*, "summer noon."

LECCIÓN CUADRAGÉSIMOTERCIA.

LAS FLORES DE PASIÓN.[1]

I.

¡VED los campos, ved los montes
Y los grupos de palmeras!

¡Ved los bosques, las praderas
De la tierra del amor!

Ved ahí sus ricas vegas
Y sus mil cañaverales;
Sus campiñas tropicales
Y sus flores de pasión.

II.

¿Por ventura,[2] entre las nieves
De otros climas y otro cielo
Tantas galas tiene el suelo,[3]
Tal belleza, tal primor?

¿Dónde lucen más brillantes,
Dónde brotan más lozanas
Que en las índicas sabanas
Nuestras flores de pasión?

III.

Son sus pétalos de nácar,[4]
Son sus corolas de oro,
Y sus cálices tesoro
De süave y puro olor.

El terral en blando soplo[5]
Las remece y las halaga,
Y el sunsún vuela y se embriaga
En las flores de pasión.

IV.

¡Ah! venid, corramos juntas
Mientras dure la mañana,

Por[6] la sierra y la sabana
Do[7] su manto arrastra el sol;
    Y en las ceibas y en los cedros,
Que del bosque son señores,[8]
Cojeremos lindas flores,
Lindas flores de pasión.   T.

[1] *Flores de pasión*, "passion flowers."—[2] *Por ventura*, literally "by fortune," meaning "by chance"; translate in this case "is it that?" &c.—[3] Invert the order, and read: *tiene el suelo tantas galas*, &c.—[4] Invert, and read: *Sus pétalos son de nácar.*—[5] *En blando soplo*, literally "in mild blast"; translate "mildly breathing."—[6] *Por*, "through."—[7] *Do*, a contraction of *donde* ("where"), most generally used as a poetical license.—[8] Invert the order of this sentence, and read: *que son señores del bosque.*

LECCIÓN CUADRAGÉSIMOCUARTA.

EDUCACIÓN DE LA MUJER.

(TRADUCCIÓN DEL INGLÉS DE STORY.)

I.—Si puede decirse que el cristianismo ha dado á la mujer una elevación permanente, como ser intelectual y moral, también es cierto que la edad presente ha abierto campo á su genio, y enseñádonos[1] á respetar su influencia. Era costumbre de otros tiempos considerar las prendas literarias del bello sexo como pedantería, ó vanas pretensiones; y tacharlas como incompatibles con las afecciones y virtudes domésticas que constituyen el encanto de la sociedad.

Hánsenos[2] leído muchas homilias sobre su amable debilidad y su sentimental delicadeza; sobre su tímida mansedumbre y su rendida obediencia; como si probar[3] el fruto del saber[4] fuese un pecado mortal,[5] y la ignorancia el único guardían de la inocencia. Las más de las mujeres[6] no tenían otro carácter[7] que el de la pureza y devoción á sus familias.

Aunque estas cualidades son admirables, parecía un abuso de los dones de la Providencia negar á las madres la facultad de enseñar á sus hijos; á las esposas el derecho de tomar parte en[8] las empresas intelectuales de sus esposos; á las hermanas é hijas el deleite de transmitir el saber en el círculo del hogar doméstico; á la juventud y á la belleza el encanto de un entendimiento ilustrado; á las ancianas y enfermas el consuelo de estudios que elevan el alma y alegran las tediosas horas del fastidio.

Esto ha pasado ya, en gran parte.[9] Las preocupaciones que atacaban al bello sexo han cedido á la influencia de la verdad. Por medio de progresos lentos pero seguros, la educación se ha extendido por[10] todas las clases de la sociedad femenina. Ya no se teme que la cultura de la ciencia engendre esa varonil osadía é inquieta independencia, que alarma por sus arranques, y hiere con[11] su volubilidad.

II.—Hemos visto que aquí, como en cualquiera otra parte,[12] el saber es favorable á la virtud y á la felicidad humanas; que el refinamiento literario añade lustre á la devoción de la piedad; que la verdadera instrucción, así como[13] el verdadero gusto, es modesta y sin ostentación; que la gracia de los modales recibe mayor pulimento por la disciplina de las escuelas; que el genio cultivado arroja una luz de alegría sobre los deberes domésticos; y sus chispas, á semejanza de las[14] del diamante, muestran á primera vista su poder y su pureza.

No hay una sola clase de la sociedad femenil, por más[15] alta que sea, que no haga hoy homenaje á la literatura; ó que no se ruborice[16] aun por la mera sospecha de esa ignorancia que, medio siglo ha,[17] no era ni rara ni vergonzosa. No hay un solo padre cuyo orgullo no se inflame con la idea de que la felicidad de su hija está en gran parte bajo su[18] propio dominio, ya sea que se mantenga[19] en el apartado y tranquilo retiro doméstico, ó visite los bulliciosos salones del gran mundo.

Así se abre una nueva senda á la capacidad de la mujer, para aliviar la opresión de la desgracia, sin sacrificio alguno de dignidad ó de modestia. El hombre no aspira ya al exclusivo goce de las preeminencias de autor. En casi todos los ramos del saber tiene rivales ó asociados.

¿Quién hay que no admire[20] con entusiasmo los preciosos fragmentos de Isabel Smith; la venerable erudición de Isabel Carter; la elevada piedad de Ana More; la fuerza persuasiva de la Señora Barbauld; las elegantes memorias de su distinguida sobrina; las encantadoras ficciones de Madama D'Arblay; las vivas y pintorescas imágenes de la Señora Radcliffe; la brillante poesía de Felicia Hemans; el sin par[21] ingenio, la singular habilidad para pintar caracteres y la enseñanza práctica de la Señorita Edgeworth?

[1] *Enseñádonos;* a compound word, of the verb *enseñar* (in its past participle) and the pronoun *nos* (in the objective case).—[2] *Hánsenos;* a compound word of the verb *haber* (third person of the present tense, indicative mood) and the pronoun *nos* (in the objective case).—[3] *Probar,* " to taste."—[4] *Saber,* " knowledge."—[5] *Mortal,* "deadly."—[6] *Las mas de las mujeres,* literally " the most of the women"; translate "most women."—[7] *No tenían otro carácter,* literally "not had other character"; translate "had no other character."—[8] *Tomar parte en,* literally "to take part in"; more correctly "to share."—[9] *En gran parte,* literally "in great part"; translate "in a great measure."—[10] *Por,* "through."—[11] *Con,* "by." —[12] *En cualquiera otra parte,* literally "in whatever other part"; translate "everywhere else."—[13] *Así como,* "as well as."—[14] *Á semejanza de las,* literally "at likeness of the"; *chispas* is understood, after *las;* translate "like those."—[15] *Por más,* literally "by more"; translate "however."—[16] *Que no se ruborice,* literally "that not himself may blush"; translate "that would not blush."—[17] *Ha,* "ago." *Ha* is from the verb *haber;* hence, we may say in Spanish *hay un siglo,* or *ha un siglo,* literally "there is a century"; "past" being understood.—[18] *Su,* "her."—[19] *Ya sea que se mantenga,* literally "already it be that she may maintain herself"; translate "whether she keeps herself."—[20] *Que no admire,* "who does not admire."—[21] *Sin par,* "matchless."

LECCIÓN CUADRAGÉSIMOQUINTA.

Á * .

Oh! ¿por qué tu pura frente
Se inclina lánguida así,[1]
Como frágil alelí
Herido de[2] un sol ardiente?

¿Por qué tu hermosa mirada,
Poéticamente triste,

Á * * *.

De luto á veces la viste[3]
Una lágrima callada?[4]

¿Por qué tu labio suspira?
¿Por qué tu cándido seno,
Cual de amargo dolor lleno,[5]
Así agitarse se mira?[6]

¡Eres tan joven, y lloras!
¡Tan bella, y sufres así!
¡Oh! ven, deposita en mí
El secreto que devoras.

En mí, que infeliz me miro,[7]
Y sé por ciencia funesta
Cuánto una lágrima cuesta,[8]
Y cuánto cuesta un suspiro.

Si nuestro bien se perdió,
Si toda luz se ha nublado,
Y nos manda siempre el hado
Que llores tú y llore yo;[9]

Si no esperas que algún día
Te brille[10] una bella aurora;
Si el pesar que te devora
Es eterno—¡suerte impía!—

Si nuestro sino[11] decreta
Que de este dolor profundo
Llevemos siempre en el mundo
Enclavada la saeta,—[12]

Partamos entre los dos
Ese cáliz de amargura,
Y en unión celeste y pura
Busquemos juntos á Dios.　　　T.

[1] *Se inclina lánguida así*, literally "itself droops languid thus"; translate "thus languidly droops."—[2] *De*, "by."—[3] *De luto á veces la viste*, literally "of mourning at times clothes it"; translate "makes it appear mournful sometimes."—[4] *Callada*, "secret."—[5] *Cual de amargo dolor lleno*, literally "like of bitter grief full"; translate "as if filled with bitter grief."—[6] *Así agitarse se mira*, literally "thus to agitate itself is seen"; translate "is thus agitated." —[7] *Infeliz me miro*, literally "unhappy myself see"; translate "who am unhappy."—[8] Invert the order, and read: *cuánto cuesta una lágrima.*—[9] *Que llores tú y llore yo*, literally "that thou mayest weep and that I may weep"; translate "that we both shall weep."— [10] *Te brille*, literally "thee may shine"; translate "may shine for thee."—[11] *Sino*, "fate"; different from the conjunction *sino*, "but." —[12] *Que de este dolor profundo llevemos siempre en el mundo enclavada la saeta*, literally "that of this grief deep we may carry always in the world stuck the arrow"; translate "that the arrow of deep grief shall always be stuck to our heart."

LECCIÓN CUADRAGÉSIMOSEXTA.

MUJER, LLORA Y VENCERÁS.

I.—¡Qué lástima que Calderón, en la comedia que escribió bajo este título, no hubiese desenvuelto, como bien podía,[1] el pensamiento que él encierra! Porque ciertamente puede decirse[2] que estas pocas palabras pintan á la vez[3] el carácter y la condición social y moral de la mujer, compañera nuestra, débil y tímida; pero que ha recibido de Dios lo único que puede contrarestar la fuerza física del hombre,— amor y lágrimas.

Yo era un niño todavía, cuando á un **amigo de** mi alma,—mártir ilustre á quien tú admiras sin conocerle,—oí decir un día, en que dulcemente platicábamos: "¿qué mujer no es hermosa cuando llora?" Y estas palabras, que valen tanto como[4] el título del drama de Calderón, se quedaron impresas en mi memoria, á fuerza de repetirlas mentalmente cuando quiera que[5] pensaba en los destinos de la humanidad y de Vds. las mujeres, bellísima mitad nuestra, que tan poderosa pero dulce influencia pueden y deben tener sobre ellos.

Ambos pensamientos que acabo de citar[6] han sido muchas veces el punto de partida[7] de mis meditaciones sobre la humanidad, porque ellos, á mi ver,[8] son una sabia expresión de la diferencia esencial que existe entre el hombre y la mujer, y señalan á uno y otro[9] su esfera respectiva. No es otro[10] el espíritu de la Biblia. Lee el Génesis:—"Dios dijo á la mujer,— Estarás bajo del poder de tu marido y te dominará." Esta ley es una consecuencia de su[11] natural debilidad física, porque la mujer necesita vivir bajo el amparo del hombre, como la yedra que se enreda á la encina. El más fuerte debe protección[12] al más débil: el más débil debe sumisión al más fuerte; pero esto no pasa de[13] lo físico, porque en lo moral se establece entre uno y otro[14] un sistema de relaciones muy diferente. Dios hizo á la mujer débil, tímida, necesitada de[15] ayuda, reducida á la obediencia; pero la sabiduría del Creador es infinita, y pudo hacer que de su misma debilidad sacase la compañera del hombre[16] los elementos de una fuerza moral que equilibra y aun á veces aventaja la superioridad física de aquél.[17] Hizo las fibras de su corazón exquisitamente delicadas: dotóla[18] de[19] intensa y casi divina ternura, é inspirándole la conciencia de su propia debilidad, le dió á un mismo tiempo el bálsamo de las lágrimas y el dulcísimo lenguaje de las caricias y la amable mansedumbre.

II.—Yo creo, pues,[20] que la mujer ejerce una influencia poderosa sobre los destinos de la humanidad; pero no concibo que esa influencia tenga[21] un orígen físico, ni material, sino puramente moral. Imagino que no es la hermosura simplemente, porque estamos ya muy lejos de los tiempos en que fué deificada, por no comprenderse el[22] verdadero destino social de la mujer; ni creo que consista en la superioridad de saber, porque no es esa tampoco la apropiada esfera de un sexo que en todo ha de[23] seguir la senda que le marca el otro. Creo sí,[24] que el principio de esa influencia humanitaria, tan poderosa como la concibo yo, se deriva de una acendrada puridad de afectos, de un venero de amor y paz, de una fuente de virtud y cristiana piedad que debe existir siempre fértil y fresca en el corazón de la buena mujer.

Por eso,[25] si alguna vez he visto alterado su semblante por la expresion de la cólera, ó si he oído de sus labios palabras desabridas y descompuestas, he sentido un disgusto que en los primeros momentos

8

me ha parecido inexplicable. Pero luego he meditado, y he visto que la causa de ese desagradable sentimiento era que aquellos gestos de ira y aquellos tonos destemplados rompían mi encanto, y afeaban la bellísima y pura idea que había yo formado de la mujer, desde que aun andaba en los brazos[26] de mi madre. Pero he vuelto mis ojos á otra parte,[27] y ha revivido el encanto, al contemplarla en el hogar doméstico, dividiendo con el esposo las dulcísimas caricias del hijo de sus entrañas,[28] apurando los inmaculados goces de la maternidad, y hablando con lágrimas en los ojos, porque el lenguaje de las palabras es demasiado débil para expresar sus sentimientos! Y entónces he deseado ser poeta para pintar[29] escenas como esa, y derramar consuelo en los corazones desamparados que creen desterrada de este mundo la felicidad.[30]

Créeme, mi buena y cara amiga; el abuso de la fuerza, los extravíos de las pasiones, los vicios de una mala educación, ó los errores de un entendimiento mal dirigido, queden hacer de un esposo el opresor brutal de su compañera en la vida: pero ¿cuántas veces no sucede así simplemente porque ella ignora[31] en qué consiste su verdadero poder; porque quiere rechazar la fuerza con[32] la fuerza; porque olvida que tiene en su mano el resorte que mueve lo más íntimo del corazón del hombre? ¿Dónde está aquel de tan empedernida entraña[33] que no deponga[34] su ira ante la mujer justa, apacible, resignada y amorosa, que á la opresión, á la violencia y la injusticia opone su virtud, la razón y las lágrimas? Quizás se encuentre alguno; pero yo hablo de hombres, no de monstruos, que son vergüenza de la humanidad; ni pueda este temor apartarte de tus creencias.

Ten fe, ten resignación, ten amor universal y religiosa mansedumbre; y Dios te abrirá un camino aparte[35] de las tribulaciones de este valle de lágrimas.

T.

---

[1] *Como bien podía*, literally "as well he could"; translate "as he was very able to do."—[2] *Puede decirse*, "it can be said."—[3] *Á la vez*, "at the same time."—[4] *Valen tanto como*, "are as valuable as."—[5] *Cuando quiera que*, "whenever."—[6] *Que acabo de citar*, literally "that I finish of to quote"; translate "that I have just quoted."—[7] *Punto de partida*, literally "point of departure"; translate "starting-point."—[8] *Á mi ver*, literally "at my seeing"; translate "in my opinion."—[9] *Á uno y otro*, literally "to one and other"; translate "to both."—[10] *No es otro*, literally "not is other"; translate "none but this is."—[11] *Su*, "her," referring to woman.—[12] *Debe protección*, literally "owes protection"; translate "is bound to protect," or "should protect."—[13] *Esto no pasa de*, literally "it does not pass away of"; translate "it does not stand beyond."—[14] *Entre uno y otro*, "between both."—[15] *Necesitada de*, literally "needful of"; translate "needing."—[16] Invert the order of this sentence, and read: *que la compañera del hombre sacase de su misma debilidad.*—[17] *De aquel*, literally "of that"; translate "of the former," referring to man.—[18] *Dotóla*, a compound word of the verb *dotar* and the pronoun *la*.—[19] *De*, "with."—[20] *Pues*, "therefore."—[21] *Tenga*, literally "may have"; translate "has."—[22] *Por no comprenderse el*, literally "by not being understood the"; translate "by a misunderstanding about the."—[23] *Ha de*, "has to."—[24] *Creo sí*, literally "I believe yes"; translate "I firmly believe."—[25] *Por eso*, literally "by that"; translate "therefore."—[26] *Desde que aun andaba en los brazos*, literally "since that still I went in the arms"; translate "since I was still carried in the arms."—[27] *Parte*, "side."—[28] *Hijo de sus entrañas*, "the son of her bosom."—[29] *Para pintar*, literally "for to paint"; translate "that I could paint," or "describe."—[30] Invert the order, and read: *que creen la felicidad desterrada de este mundo.* *Ha sido*, or *está*, is understood between *felicidad* and *desterrada.*—[31] *Porque ella ignora*, literally "because she ignores"; translate "on account of her not knowing."—[32] *Con*, "by."—[33] *Entraña*,

literally "entrail"; translate "heart."—[24] *Que no deponga*, literally "who not may lay aside"; translate "who will not lay aside." [25] *Aparte*, "far."

LECCIÓN CUADRAGÉSIMASÉPTIMA.

RECUERDOS.

¡DIEZ años!   Me arde la frente[1]
Con la fiebre del recuerdo,
Y la inclino tristemente,
Y en el Dédalo me pierdo
De mi historia de dolor!
    ¡Ay! y es fuerza[2] que me duelan
Memorias del bien perdido,[3]
Cual mustias hojas que vuelan
En torno á un árbol caído
Que se seca en[4] su verdor!

    Mi cielo azul y sereno,
Mi campiña toda flores,[5]
Mi hogar de venturas lleno,
Mi esperanza, mis amores—
¿Qué se hicieron?[6] ¿dónde están?
    Huyeron al golpe impío
De mi dolor sin consuelo,[7]
Cual las aves que á otro cielo,
Dejando el nido vacío,
Del Bóreas huyendo van.[8]

    Recuerdos de bellos días
No me burléis sonrïendo;

No aviveis heridas frías
De un corazón que muriendo
Paso á paso y solo va.[9]

¡Pronto llegue![10]   Mas en tanto,[11]
Si á su lástima os inclino,[12]
No ,con engañoso encanto
Le apartéis de su camino.[13]
Recuerdos, dejadle en paz!   T.

[1] *Me arde la frente*, literally "me burns the forehead"; translate "my forehead burns."—[2] *Es fuerza*, literally "it is force"; translate "it must be."—[3] Invert the order, and read : *que memorias del bien perdido me duelan.* *Me duelan*, literally "may ache me"; translate "shall prey on me."—[4] *Que se seca en*, "that fades in the midst."—[5] *Toda flores*, literally "all flowers"; translate "all full of flowers"; the true meaning of the Spanish original is "a meadow where every spot is covered with flowers."—[6] *¿Qué se hicieron?* literally "what did they make themselves?" translate "what has become of them?"—[7] *Sin consuelo*, literally "without consolation"; translate "comfortless."—[8] Invert the order, thus : *van huyendo del Bóreas.*—[9] Invert, and read : *de un corazón que va muriendo solo y paso á paso.* *Va muriendo*, literally "goes dying"; translate "approaching death." *Solo*, "alone."—[10] *Pronto llegue*, "may it soon reach the place."—[11] *En tanto*, "in the mean while."—[12] Invert the order, thus : *si os inclino á su lástima. Á su lástima*, literally "to his pity"; translate "to pity him."—[13] Invert the order, and read : *no le apartéis de su camino con engañoso encanto.*

LECCIÓN CUADRAGÉSIMOCTAVA.

EL ABRA DE YUMURÍ.

I.—HAY tal encanto para mí en ciertos sitios que he visitado, y sobre todo en algunos de los que se hallan[1] en las cercanías de Matanzas, que siempre que[2] los contemplo encuentro allí alguna nueva belleza que[3] admirar. Uno de ellos es el "Abra de Yumurí."

¡Me acuerdo de[4] cuando yo era niño, y entre la tropa de traviesos condiscípulos recorría aquellos lugares, en algunas tardes que ahora la ilusión del recuerdo me pinta[5] tan alegres, tan rosadas, tan hermosas! Y acuérdome también de[6] que algunos años después, volví á visitar[7] con frecuencia[8] aquellas soledades; pero ya no era para correr[9] y travesear alegremente, sino para esconder mi tristeza, y á veces mis lágrimas, en el seno[10] de aquella naturaleza inviolada todavía. Antes,[11] como niño; luego,[12] como hombre,—he aquí[13] la dolorosa diferencia.

Aun no se han borrado[14] de mi corazón las impresiones de la última vez que[15] estuve allí.

Era una de esas apacibles tardes de Febrero en que el cielo de Cuba, azul y transparente como un cendal de leve gasa, se teñía[16] con un bello color de rosa, suavizado por la misteriosa media tinta del crepúsculo.

Los que nunca hayan[17] estado en aquel sitio solitario, silencioso y agreste, deben quedar sorprendidos[18] á la vista esa naturaleza salvaje que á tan pocos pasos de la ciudad se presenta todavía tan majestuosa y tan intacta como en los tiempos de la raza primitiva que habitaba nuestra isla. Al llegar,[19]—por un camino que á la izquierda limitan[20] las faldas de las alturas de Simpson,[21] y á la derecha[22] los mangles de la margen del río,—se descubre de súbito el paisaje: en el primer término dos altas y escarpadas lomas parece que acaban de desunirse,[23] abriendo un abismo en el medio,[24] para dar paso[25] al manso Yumurí, que murmurando dulcemente, lleva al mar el eterno tributo de sus aguas; y allá al fondo[26] se alcanza á ver[27] un jirón del bellísimo cuadro de ese poético valle que da su nombre al río. Algunas veces al llegar allí, me ha parecido que miraba al través del lente de un panorama inmenso; y luego, en[28] reconociendo la realidad de la naturaleza, he sentido en mi alma la profunda admiración á que nos mueven[29] las obras del divino Arquetipo universal. ¿Qué es del arte humano[30] donde la Creación brilla como allí?

De un lado y otro,[31] el aspecto de las gigantes rocas que forman el Abra, es imponente y melancólico. Ambos montes parecen cortados á pico[32] verticalmente; y las concavidades, las grietas y los ángulos que proyectan de su superficie, parecen atestiguar que un grande cataclismo fué lo que las separó, según cuenta[33] cierta antigua tradición cubana. Caprichosas estalactitas cubren con mil formas diferentes los muros de ambas soberbias moles, que, una frente á[34] la otra, con[35] el río á sus pies, parecen dos gigantes de piedra, puestos de[36] centinela á la puerta del magnífico valle.

II.—Ora[37] se ve un arco ojivo sostenido por una columna de enormes dimensiones; ora un cuerpo de mujer que se destaca de la ennegrecida roca; ora un colosal cocodrilo que parece que baja de[38] la cumbre para lanzarse al agua; y otras innumerables y fantásticas formas á que la imaginación da nombre, vida y movimiento. La vegetación entre[39] aquellas estériles y escarpadas rocas es, como debe presumirse,[40] rara y mezquina; y hierbas de tallos delgados, rectos y desnudos de hojas, que más bien[41] parecen alambres que vegetales, coronan la frente sombría de ambos montes.

Hacia la parte del Este,[42] se ve un camino que va á lo largo[43] de la orilla del río, y se pierde[44] hacia el norte, torciendo á la derecha, por donde[45] la falda de la montaña es más accesible, aunque escabrosa. Allí he fijado mis ojos algunas veces, con zozobra, en una enorme piedra que, desprendida de la peñascosa cresta del monte, se ha detenido allí, en mitad[46] de la carrera, amenazando con su caída, de un momento á otro, al caminante que tranquilamente pasa por debajo, quizas sin echar de verla.[47]

Á la izquierda, junto á un lugar donde todavía existen las ruinas de un pequeño y tosco edificio que llaman el " Baño de la Marquesa," hay un trillo que á través de algunas maniguas, conduce á la subida de las elevadas rocas, cuyos cimientos lame el río.[48] Tomé aquel camino, y aunque á costa de algún esfuerzo, subí hasta la mitad de la altura[49] del paredón y me senté á descansar en una meseta formada por un peñasco suelto, bajo una especie de bóveda, bajo la cual pueden abrigarse hasta una docena de hombres.

Desde[50] allí descubría yo los techos y las torres de nuestra pintoresca ciudad; las aguas de la bahía, sus buques y sus botes; y en el fondo, hacia el sur,

la cordillera desde la loma de San Juan hasta las co-
linas de Camarioca, que apenas se divisaban como[51]
dos azules nubecillas sobre el horizonte rosado y se-
reno. La niebla empezaba á levantarse sobre la ciu-
dad para envolverla en su flotante y transparente velo.

Bajo mis pies seguían su sosegado curso las man-
sas aguas del Yumurí, que, torciendo á la izquierda,
á poco andar del Abra,[52] se perdía entre dos riberas
de verdes y espesos mangles. Sobre mi cabeza pen-
dían los rudos y colosales peñascos que amenazaban
desprenderse sobre mí cuando alzaba mis ojos para
ver el cielo, y engañado por el vuelo de las nubes que
venían del Este, creía que la montaña en que estaba
yo sentado corría á reunirse con[53] la otra.

Aquel espectáculo inmenso, tan variado, tan su-
blime,—la soledad, el profundo silencio, lo agreste[54]
del paisaje,—arrobaban mis sentidos, suspendían mi
espíritu entre la tierra y el cielo; y un confuso tro-
pel de diversos pensamientos, ora tristes, ora alegres,
se agolparon entonces en mi mente. Pasados los pri-
meros momentos,[55] la fuerza de aquellas impresiones
abrumó mi alma, y como quien acaba de sufrir una
gran fatiga y necesita descanso, permanecí sentado
en la ruda peña, hasta que las lenguas de bronce de la
vecina[56] iglesia, anunciando la hora de la plegaria
vespertina, me sacaron de mi abstracción; y me enca-
miné de vuelta[57] á la ciudad.   T.

---

[1] *Se hallan*, literally "are found"; translate "lay."—[2] *Siempre que*, literally "always that"; translate "whenever."—[3] *Que*, "to."
—[4] *Me acuerdo de*, literally "myself remember of"; translate "I remember the time."—[5] *Me pinta*, "represents to me."—[6] Omit *de*.
—[7] *Volví á visitar*, literally "I returned to visit"; translate "I vis-

ited again."—[8] *Con frecuencia,* "frequently."—[9] *Ya no era para correr,* literally "already not was to run"; translate "now not to run."—[10] *En el seno,* "in the midst."—[11] *Antes,* literally "before"; translate "then."—[12] *Luego,* literally "afterwards"; translate "now."—[13] *He aquí,* literally "have here"; translate "behold," or "this is."—[14] *Aun no se han borrado,* literally "yet not have been blotted out"; translate "have not yet disappeared."—[15] Omit *que.*—[16] *Se teñía,* "was dyed."—[17] *Hayan,* literally "may have"; translate "have."—[18] *Deben quedar sorprendidos,* literally "must remain surprised"; translate "must be struck with surprise."—[19] *Al llegar,* "on reaching the place."—[20] *Que á la izquierda limitan,* literally "which at the left limit"; translate "which are limited on the left side by."—[21] *Alturas de Simpson,* "Simpson-heights."—[22] *Á la derecha,* "on the right, by."—[23] *Acaban de desunirse,* literally "finish of to disunite themselves"; translate "they have just separated from each other."—[24] *En el medio,* literally "in the midst"; translate "among them."—[25] *Dar paso,* literally "to give pass"; translate "to clear the way."—[26] *Al fondo,* "at the bottom (of the landscape)."—[27] *Se alcanza á ver,* literally "it is reached to see"; translate "you may discover."—[28] *En,* "on."—[29] *Á que nos mueven,* literally "to which us they move"; translate "with which we are filled by."—[30] *Qué es del arte humano,* literally "what is of the art human"; translate "what is human art."—[31] *De un lado y otro,* literally "of one side and another"; translate "on both sides."—[32] *Cortados á pico,* "cut apeak."—[33] *Según cuenta,* literally "according relates"; translate "according to what is reported by a."—[34] *Frente á,* "opposite to."—[35] *Con,* translate "and."—[36] *Puestos de,* "placed as."—[37] *Ora,* "now."—[38] *Bajo de,* "comes down."—[39] *Entre,* "among."—[40] *Como debe presumirse,* "as it must be presumed."—[41] *Más bien,* literally "more well"; translate "rather."—[42] *Parte del Este,* "eastern part."—[43] *Á lo largo,* "along."—[44] *Se pierde,* "is lost to view."—[45] *Por donde,* literally "by where"; translate "where."—[46] *En mitad,* "midway."—[47] *Sin echar de verla;* this is a peculiar Spanish phrase; literally, it means "without casting of seeing it"; translate "without noticing it." *Sin apercivirse de ella* si more correct.—[48] *Cuyos cimientos lame el río,* literally "whose foundation licks the river"; translate "whose basis is licked by the river."—[49] *La mitad de la altura,* "half the height."—[50] *Desde,* "from."—[51] *Apenas se divisaban como,* "appeared scarcely like."—[52] *Á poco andar del Abra,* literally "at little walk from the ravine"; translate "at a short distance from the ravine."—[53] *Reunirse con,* literally "to join itself with"; translate "to join."—[54] *Lo agreste,* literally "the wild"; translate "the wilderness."—⁵⁵ *Pasados los primeros momentos*, literally "past the first moments"; translate "the first moments being past."—⁵⁶ *Vecina*, "neighboring."—⁵⁷ *De vuelta*, literally "of return"; translate "back."

LECCIÓN CUADRAGÉSIMONONA.

LOS CAZADORES DE LA SABANA.

(TRADUCCIÓN DEL INGLÉS DE WASHINGTON IRVING.)

La noche había cubierto la tierra con una ligera veste de nieve. Al despuntar la mañana[1] vimos un ciervo corriendo á través de la sabana, como acosado[2] por algún peligro inminente. Iba á toda carrera,[3] y no miraba hacia atrás.[4] Por algún tiempo[5] observamos su marcha, y aunque corría hacia adelante[6] con gran rapidez, era tal la vasta llanura sobre la cual pasaba, que después de[7] un rato parecía mas bien arrastrarse que correr. Disminuyó por grados en tamaño, hasta que no lo podíamos descubrir mas que como un punto pequeño.[8] Al fin llegó á las lomas[9] que se ven[10] como una escalera al pie de las Montañas Peñascosas; y al subirlas[11] parecía un insecto que se arrastra sobre una hoja de papel blanco.

Apenas se perdió de vista,[12] cuando vimos una partida de ocho lobos de la sabana, que seguían su huella con el ahinco que caracteriza esa raza de animales. Dos iban en la delantera,[13] con las narices junto[14] á la tierra; pero corriendo en derechura,[15] con una determinación que expresaba seguridad y resolución á la vez. Los demás los seguían, como si pusiesen[16] entera confianza en sus guías; y mucho antes de que llegasen á las montañas,[17] los habíamos perdido de vista.[18]

Aquella era una escena que sugería una larga serie de meditaciones. Cualquiera habría creído[19] que la paz reinaba en las soledades aun no turbadas[20] por las huellas del hombre. Á lo lejos[21] estaba el océano; á lo lejos también, los bulliciosos mercados á lo largo de sus playas, cuyos senos, como los de un mar tormentosos, son agitados por encontradas[22] olas. Ante nosotros se extendía la inmensa pradera, inviolada, pura, y vestida con un manto arrojado sobre ella desde el cielo. Sin embargo, había allí cosas que nos recordaban las escenas presenciadas por la sociedad humana. No había, es verdad,[23] ni compras ni ventas; y sin embargo, aquel pobre animal huía como un deudor, y aquellos sabuesos de la selva le perseguían como hambrientos alguaciles. No había allí distinción de sectas, ni diversidad de creencias; y sin embargo aquel manso ciervo parecía un cuáquero de los bosques, llevando hasta el último grado[24] sus doctrinas de no-combatividad. Pobre criatura! tanto él como Guillermo Penn,[25] su gran prototipo, han visto, al fin, que una vida pacífica no es una segura protección contra la malicia del mundo que nos rodea.

Caprichos como[26] éste pasaron por[27] mi mente, hasta que otras escenas me sugirieron otros pensamientos, y olvidé el ciervo y los lobos. Sin embargo, á tiempo que el sol se ponía[28] tras las montañas, el silbo del primero, y el aullido de los segundos, ya sobre él,[29] llamaron mi atención. El ciervo había vuelto á atravesar[30] la pradera y buscado abrigo en un pequeño montón de rocas, situado en el medio de la llanura. Vanos fueron sus esfuerzos para escaparse, porque durante todo el día habían continuado la caza sus infatigables perseguidores. Ya estaba cansado y exánime; y la vista de los lobos que le seguían tan de cerca,[31] con los dientes de fuera[32] y los ojos clavados en su presa, fué apenas suficiente para producir un salto vacilante. Habiendo cruzado un arroyuelo, faltáronle las piernas[33] al subir por[34] la orilla; y uno de los lobos saltó sobre él y clavó su garras en el cuello del pobre ciervo.

[1] *Al despuntar la mañana*, literally "at the to blunt the morning"; translate "at break of day."—[2] *Como acosado*, "as if close pursued."—[3] *Á toda carrera*, literally "at all running"; translate "at full speed."—[4] *Hacia atrás*, literally "towards behind"; translate behind."—[5] *Por algún tiempo*, "for a while."—[6] *Hacia adelante*, "onward."—[7] Omit *de*.—[8] *Punto pequeño*, "a speck."—[9] *Llegó á las lomas*, "reached the hills."—[10] *Se ven*, literally "are seen"; translate "lay."—[11] *Al subirlas*, literally "at the ascending them"; translate "as he ascended them."—[12] *Se perdió de vista*, "was lost to view."—[13] *En la delantera*, "in advance."—[14] *Junto*, "upon."— [15] *En derechura*, "directly."—[16] *Como si pusiesen*, literally "as if they would place"; translate "as if they placed." —[17] *Mucho antes de que llegasen á las montañas*, literally "much before of that they could arrive at the mountains"; translate "long before they reached the mountains."—[18] *Los habíamos perdido de vista*, literally "them we had lost of sight"; translate "they were lost to our view."—[19] *Cualquiera habría creido*, literally "whoever might have believed"; translate "one might have fancied."—[20] *Aun no turbadas*, "as yet undisturbed."—[21] *Á lo lejos*, literally "at the far"; translate "far away."—[22] *Encontradas*, "contending."—[23] *Es verdad*, literally "it is truth"; translate "indeed."—[24] *El último grado*, literally "the last degree"; translate "to the highest degree," or

"to the utmost extent."—*²⁵ Tanto él como Guillermo Penn*, literally "as much he as William Penn"; translate "both he and William Penn."—*²⁶ Como*, "like."—*²⁷ Pasaron por*, "crossed."—*²⁸ Se ponía*, literally "put itself"; translate "was setting."—*²⁹ Sobre él*, "close to him."—*³⁰ Había vuelto á atravesar*, literally "had returned to cross"; translate "had recrossed."—*³¹ Tan de cerca*, literally "so of near"; translate "so close."—*³² Dientes de fuera*, literally "teeth of without"; translate "teeth laid bare."—*³³ Faltáronle las piernas*, literally "faltered him the legs"; translate "his legs faltered."

LECCIÓN QUINCUAGÉSIMA.

CIELO DE AMOR.

DEL lago en las claras aguas
Nuestra barca se desliza[1]
Y el terral las ondas riza
Con su soplo arrullador.
   Alza la frente, mi amigo;
Mira la tarde ¡qué[2] hermosa,
Con ese color de rosa
Sobre su cielo de amor!

   Ya en la niebla se confunde
La línea del horizonte,
Y pierde el lejano monte
Su transparente color.
   Mas en su frente sombría
Vierte luz trémula estrella,[3]
Misteriosamente bella
En nuestro cielo de amor.

Ya revolotea el solibio
Sobre el árbol de su nido:
Ya silba el sijú escondido
Del monte allá en lo interior;[4]
   Y el cocuyo vaga errante
Por la campiña dormida,
Como chispa desprendida
De nuestro cielo de amor.

   ¡Cuánto para mí son bellas[5]
Estas tardes del estío,
Junto á tí,[6] querido mío,
En dulce conversación!
   ¡Ah! sí, cuando nuestras almas,
Aquí desde el mundo unidas,[7]
En una ya confundidas[8]
Buscan su cielo de amor.

   Es que Dios á un tiempo[9] cría
Dos almas: al mundo vienen:
Se encuentran y se convienen
Así cual[10] nosotros dos.
   Luego, cuando él lo dispone,
Una abandona la vida . . .
Mas la otra va en seguida,[11]
Tras ella,[12] al cielo de amor.

   Mas ya la luna se asoma[13]
Y tras de las palmas brilla:
¡Cerca estamos de la orilla!
No más bogues,[14] remador,

Que mientra á tierra llegamos
Quiero dar otra mirada
A la bóveda estrellada
De nuestro cielo de amor.   T.

[1] Invert the order, and read : *nuestra barca se desliza sobre* (through) *las claras aguas del lago.*—[2] *Qué,* "how."—[3] Invert the order, and read : *trémula estrella vierte luz.*—[4] Invert the order, thus : *allá en lo interior del monte.*—[5] Invert the order—read thus : *cuánto son bellas para mí;* and translate "how beautiful they appear to me."—[6] *Junto á tí,* "near thee."—[7] *Aquí desde el mundo unidas,* literally "here from the world united"; translate "already united in this world."—[8] *En una ya confundidas,* "already confounded into a single one."—[9] *Á un tiempo,* "at once."—[10] *Así cual,* literally "thus like"; translate "like."—[11] *En seguida,* "immediately."—[12] *Tras ella,* "after her."—[13] *Se asoma,* "appears."—[14] *No más bogues,* literally "no more row thou"; translate "cease rowing."

VOCABULARY

SPANISH AND ENGLISH

ARRANGED ON A PROGRESSIVE SYSTEM FOR EACH LESSON

ABBREVIATIONS

USED IN THE VOCABULARY.

---

n. m. noun masculine.
n. f. noun feminine.
art. m. article masculine.
art. f. article feminine.
s. singular.
pl. plural.
adj. adjective.
pron. pronoun.

v. verb.
r. regular.
irr. irregular.
adv. adverb.
prep. preposition.
conj. conjunction.
interj. interjection.

VOCABULARY.

LESSON I.

Lección, n. f. s. *lesson.*
Primera, adj. f. s. *first.*
La, art. f. s. *the.*
Creación, n. f. s. *Creation.*
Dios, n. m. s. *God.*
Es (from the irr. verb *ser*, to be), (he) *is.*
El, art. m. s. *the.*
Autor, n. m. s. *author.*
De, prep. *of.*
Todo, adj. m. s. *all.*
Lo, art. neuter, *the.*
Que, pron. *that.*
Vemos (from the irr. verb *ver*), we *see.*
En, prep. *in.*
Principio, n. m. s. *beginning.*
Creó (from the r. verb *crear*), (he) *created.*
Cielo, n. m. s. *heaven.*
Y, conj. *and.*
Tierra, n. f. s. *earth.*
Separó (from the r. verb *separar*), (he) *separated.*
Luz, n. f. s. *light.*
De, prep. *from.*
Las, art. f. pl. *the.*
Tinieblas, n. f. pl. *darkness.*
E, conj. *and.*
Hizo (from the irr. verb *hacer*), (he) *made.*
Firmamento, n. m. s. *firmament.*
Aguas, n. f. pl. *waters.*
Estaban (from the irr. verb *estar*), (they) *were.*
Debajo, adv. *under.*
Del (contraction of *de* and *el*), *of the.*

Sobre, adv. *above.*
Después, adv. *afterward.*
Sol, n. m. s. *sun.*
Luna, n. f. s. *moon.*
Los, art. m. pl. *the.*
Planetas, n. m. pl. *planets.*
Animales, n. m. s. *animals.*
Al (contraction of *á él*), *to the.*
Hombre, n. m. s. *man.*
Mujer, n. f. s. *woman.*
Nadie, indefinite pron. *nobody.*
Viviría (from the r. verb *vivir*), could *live.*
Sin, prep. *without.*
Aire, n. m. s. *air.*
Agua, n. f. s. *water.*
Día, n. m. s. *day.*
Hijo' n. m. s. *son.*
Durante (from the r. verb *durar*), *during.*
Noche, n. f. s. *night.*
Vemos (from the irr. verb *ver*), (we) *see.*
Estrellas, n. f. pl. *stars.*
Piedras, n. f. pl. *stones.*
Crecen (from the irr. verb *crecer*), (they) *grow.*
Tierra, n. f. s. *earth.*
Raíces, n. f. pl. *roots.*
Plantas, n. f. pl. *plants.*
También, adj. *also, too.*
Pero, conj. *but.*
Tienen (from the irr. verb *tener*), (they) *have.*
Tronco, n. m. s. *trunk* (of a tree).
Vástagos, n. m. pl. *stems.*
Ramas, n. f. pl. *branches.*
Hojas, n. f. pl. *leaves.*
Luego, adv. *afterward,*

181

Producen (from the irr. verb *producir*), (*they*) *produce.*
Flores, n. f. pl. *flowers.*
Fruto, n. m. s. *fruit.*
Semilla, n. f. s. *seed.*
Peces, n. m. pl. *fishes.*
Nadan (from the r. verb *nadar*), (*they*) *swim.*
Pájaros, n. m. pl. *birds.*
Vuelan (from the irr. verb *volar*), (*they*) *fly.*
Por, prep. *for, by, about.*
Reptiles, n. m. pl. *reptiles.*
Arrastran (from the r. verb *arrastrar*), (*they*) *creep.*
Cuatro, n. *four.*
Patas, n. f. pl. *feet.*
Viven (from the r. verb *vivir*), (*they*) *live.*
Sobre, prep. *upon.*
Algunos, pron. m. pl. *some.*
Ellos (from the pron. *él*), *them.*
Corren (from the r. verb *correr*), (*they*) *run.*
Con, prep. *with.*
Mucha, adj. f. s. *much,* or *great.*
Ligereza, n. f. s. *fastness.*
Está (from the irr. verb *estar*), *is.*
Creado (from the r. verb *crear*), *created.*
Á, prep. *to.*
Semejanza, n. f. s. *image,* or *likeness.*
Rey, n. m. s. *king.*
Mundos, n. m. pl. *worlds.*
Giran (from the r. verb *girar*), (*they*) *turn round.*
Espacio, n. m. s. *space.*
Inmensidad, n. f. s. *immensity.*
Mares, n. f. pl. *seas.*
Águila, n. f. s. *eagle.*
Nubes, n. f. pl. *clouds.*
Insecto, n. m. s. *insect.*
Vive (from the r. verb *vivir*), (*he*) *lives.*
Sino, conj. *but.*
Arbusto, n. m. s. *shrub.*
Un, art. m. s. *a* or *an.*
Prueba (from the irr. verb *probar*), (*he*) *proves.*
Grandeza (from *grande,* great), n. f. s. *greatness.*
Infinita, adj. f. s. *infinite.*

Omnipotente, adj. m. *or* f. s. *almighty.*
Sabiduría, n. f. s. *wisdom.*

LESSON II.

Segunda, adj. f. s. *second.*
Una, art. f. s. *a* or *an.*
Mañana, n. f. s. *morning.*
Abril, n. m. s. *April.*
País, n. m. s. *country.*
Tan, adv. *so.*
Bello, adj. m. s. *beautiful.*
Como, adv. *as.*
Isla, n. f. s. *island.*
Cuba, n. *Cuba.*
Cuadros, n. m. pl. *sights.*
Naturaleza, n. f. s. *nature.*
Puede (from the irr. verb *poder*), (*he*) *can.*
Contemplar, r. verb, *to contemplate.*
Con, prep. *with.*
Más, adv. *more.*
Admiración, n. f. s. *admiration.*
Divino, adj. m. s. *divine.*
Creador, n. m. s. *creator.*
Sentado (from the irr. verb *sentar*), *sitting down.*
Sobre, prep. *on* or *upon.*
Alta, adj. f. s. *high.*
Peña, n. f. s. *rock.*
Monte, n. m. s. *mountain.*
Que, relative pron. *that* or *which.*
Se levanta (from the r. verb (*levantarse*), (*it*) *rises.*
Cincuenta, n. *fifty.*
Varas, n. f. pl. *yards.*
Orilla, n. f. s. *bank.*
Río, n. m. s. *river.*
Mansas, n. f. pl. *mild.*
He admirado (from the r. v. *admirar,* to admire), *I have admired.*
Ese, pron. m. s. *that.*
Espectáculo, n. m. s. *spectacle.*
Inspira (from the r. v. *inspirar,* to inspire), (*it*) *inspires.*
Adoración, n. f. s. *adoration.*
Señor, n. m. s. *lord.*
Hora, n. f. s. *hour.*

Alba, n. f. s. *dawn.*

Parte, n. f. s. *part.*

Oriental, adj. f. *or* m. s. *oriental, eastern.*

Horizonte, n. m. s. *horizon.*

Empieza (from the irr. v. *empezar,* to begin), (*it*) *begins.*

Tomar, r. v. *to take.*

Bello, adj. m. s. *beautiful.*

Color, n. m. s. *color.*

Rosa, n. f. s. *rose.*

Luego, adv. *afterward.*

Se cambia (from the r. v. *cambiar,* to change) (*it*) *changes.*

En, prep. *into.*

Brillante, adj. m. *or* f.—s. *bright.*

Púrpura, n. f. s. *purple.*

Entre, prep. *among.*

Oro, n. m. s. *gold.*

Majestad, n. f. s. *majesty.*

Cuyos, pron. m. pl. *whose.*

Dominios, n. m. pl. *dominions.*

Rayo, n. m. s. *ray.*

Su, pron. m. s. *its.*

Refleja (from the r. v. *reflejar,* to reflect), (*it*) *reflects.*

Cumbre, n. f. s. *top.*

Mar, n. f. *or* m. s. *sea.*

Allá léjos, adv. *yonder* or *far away.*

Ondas, n. f. pl. *waves.*

Bosque, n. m. s. *wood.*

Valle, n. m. s. *valley.*

Gota, n. f. s. *drop.*

Rocío, n. m. s. *dew.*

Tiembla (from the irr. v. *temblar,* to tremble), (*it*) *trembles.*

Brilla (from the r. v. *brillar,* to shine), (*it*) *shines.*

Como, adv. *like.*

Perla, n. f. s. *pearl.*

Saltan (from the r. v. *saltar,* to jump), (*they*) *jump.*

Cantan (from the r. v. *cantar,* to sing), (*they*) *sing.*

Alegremente, adv. *merrily.*

Rebaños, n. m. pl. *herds.*

Saliendo (from the irr. v. *salir,* to go out), *going out.*

Aprisco, n. m. s. *sheepfold.*

Se desbandan (from the r. v. *dispersarse,* to disperse), *they disperse.*

Por, prep. *through.*

Prado, n. m. s. *meadow.*

Triscan (from the r. v. *triscar,* to frisk about), (*they*) *frisk about.*

Llenos, adj. m. pl. *full.*

Contento, n. m. s. *content.*

Enjambres, n. m. pl. *swarms.*

Mariposas, n. f. pl. *butterflies.*

Mil, n. *thousand.*

Colores, n. m. pl. *colors.*

Pueblan (from the irr. v. *poblar,* to people), (*they*) *people.*

En torno, adv. *round.*

Humilde, adj. m. *or* f. s. *humble.*

Manifiesta (from the irr. v. *manifestar,* to show), (*it*) *shows.*

Alegría, n. f. s. *joy.*

Toda, adj. f. s. *the whole.*

Sonríe (from the irr. v. *sonreir,* to smile), (*it*) *smiles.*

Plácidamente, adv. *pleasantly.*

Despertar, irr. v. *to awake.*

Sueño, n. m. s. *sleep.*

Movimiento, n. m. s. *bustle.*

Bullicio, n. m. s. *noise.*

Vida, n. f. s. *life.*

Suceden (from the r. v. *suceder,* to succeed), (*they*) *succeed.*

Reposo, n. m. s. *stillness.*

Silencio, n. m. s. *silence.*

Humo, n. m. s. *smoke.*

Azul, adj. m. *or* f. s. *blue.*

Elevarse, r. v. *to rise.*

Techo, n. m. s. *roof.*

Cabaña, n. f. s. *cottage.*

Habitante, n. m. *or* f. s. *inhabitant.*

Gira (from the r. v. *girar,* to turn round), (*it*) *turns round.*

Lentamente, adv. *slowly.*

Impelido (from the r. v. *impeler,* to drive on), *driven.*

Blanda, adj. f. s. *soft.*

Brisa, n. f. s. *breeze.*

Labrador, n. m. s. *farmer.*

Unce (from the r. v. *uncir,* to yoke), (*he*) *yokes.*

Su, pron. s. *his.*

Yunta, n. f. s. *team,* or *yoke.*

Arado, n. m. s. *plough.*

Se prepara (from the r. v. *prepararse,* to prepare one's self), (*he*) *prepares himself.*

Diligentemente, adv. *diligently.*
Para, prep. *for.*
Diaria, adj. f. s. *daily.*
Faena, n. f. s. *task.*
Campanario, n. m. s. *belfry.*
Modesta, adj. f. s. *modest.*
Iglesia, n. f. s. *church.*
Aldea, n. f. s. *hamlet.*
Si, conj. *if.*
Dia de fiesta, n. f. s. *holiday;* fiesta, *festival.*
Se oye (from the irr. v. *oir*, to hear), *(it) is heard.*
Tañido, n. m. s. *stroke.*
Campana, n. f. s. *bell.*
Llama (from the r. v. *llamar*, to call), *(it) calls.*
Fieles, adj. m. *or* f. used as a noun in this case, *faithful.*
Templo, n. m. s. *temple.*
Solemne, adj. m. *or* f. s. *solemn.*
Repetido (from the irr. v. *repetir*, to repeat), *repeated.*
Eco, n. m. s. *echo.*
Rodean (from the r. v. *rodear*, to surround), *(they) surround.*
Religiosos, adj. m. pl. *religious.*
Se postran (from the r. v. *postrarse*, to prostrate one's self), *(they) prostrate themselves.*
Entonces, adv. *then.*
Ante, adv. *before.*
Universo, n. m. s. *universe.*
Reconocen (from the irr. v. *reconocer*, to acknowledge), *(they) acknowledge.*
Criaturas, n. f. pl. *creatures.*
Lo que, pron. *what.*
Poseen (from the r. v. *poseer*, to possess), *(they) possess.*
Gozan (from the r. v. *gozar*, to enjoy), *(they) enjoy.*

LESSON III.

Tercera, adj. f. s. *third.*
Bondad, n. f. s. *goodness.*
Innumerables, adj. m. *or* f. pl. *innumerable.*
Multitudes, n. f. pl. *multitudes.*

Habitan (from the r. v. *habitar*, to inhabit), *(they) inhabit.*
Reciben (from the r. v. *recibir*, to receive), *(they) receive.*
Diariamente, adv. *daily.*
Subsistencia, n. f. s. *subsistence.*
Aun, adv. *even.*
Nosotros mismos, pron. m. pl. *we ourselves.*
Alimentamos (from the r. v. *alimentar*, to feed), *(we) feed.*
Deben (from the r. v. *deber*, to be indebted), *(they) are indebted.*
Propiamente, adv. *properly.*
Sustento, n. m. s. *sustenance.*
Varias, adj. f. pl. *different,* or *various.*
Especies, n. f. pl. *species.*
Subsisten (from the r. v. *subsistir*, to subsist), *(they) subsist.*
Ayuda, n. f. s. *aid.*
Producen (from the irr. v. *producir*, to produce), *(they) produce.*
Bellotas, n. f. pl. *acorns.*
Montañas, n. f. pl. *mountains.*
Diferentes, adj. m. *or* f. pl. *different.*
Clases, n. f. pl. *classes.*
Hierbas, n. f. pl. *herbs.*
Abundan (from the r. v. *abundar*, to abound), *(they) abound.*
Simientes, n. f. pl. *seeds.*
Alimenticias, adj. f. pl. *nutritious.*
Necesidad, n. f. s. *want.*
Trabajo, n. m. s. *labor.*
Humano, adj. m. s. *human.*
Despreciables, adj. m. *or* f. pl. *contemptible.*
Componen (from the irr. v. *componer*, to form, *or* to compose), *(they) form.*
Mismo, adj. m. s. *same.*
Tiempo, n. m. s. *time.*
Tribu, n. f. s. *tribe.*
Numeroso, adj. m. s. *numerous.*
Gorriones, n. m. pl. *sparrows.*
Cuyo, pron. m. s. *whose.*
Número, n. m. s. *number.*
Tan, adv. *so (much).*
Prodigioso, adj. m. s. *prodigious.*
Producto, n. m. s. *product.*
Campos, n. m. pl. *fields.*

Gran, adj. m. *or* f. (only used in singular. Contraction of *grande*), *great*.

Reino, n. m. s. *kingdom*.

Bastaría (from the r. v. *bastar*), (*it*) *would be sufficient*.

Término, n. m. s. *term*, or *space*.

Año, n. m. s. *year*.

Provee (from the r. v. *proveer*, to provide), (*it*) *provides*.

Inmenso, adj. m. s. *immense*.

Almacén, n. m. s. *magazine*.

Necesario, adj. m. s. *necessary*.

Muchos, adj. m. pl. *many*.

Siglos, n. m. pl. *centuries*.

Pasarán (from the r. v. *pasar*, to pass), (*they*) *will pass*.

Antes, adv. *before*.

Sean (from the irr. v. *ser*, to be), (*they*) *may be*.

Conocidas (from the irr. v. *conocer*, to know), *known*.

Cuán, adv. *how*.

Moscas, n. f. pl. *flies*.

Cuántas, adj. f. pl. *how many*.

Sangre, n. f. s. *blood*.

Algunos, adj. *some*.

Extraen (from the irr. v. *extraer*, to extract), (*they*) *extract*.

Solo, adv. *only*.

Alimento, n. m. s. *food*.

Accidental, adj. m. *or* f. s. *accidental*.

Pues, conj. *then*.

Podemos (from the irr. v. *poder*, to be able), *we can*.

Contar, irr.v. *to count*, or *to number*.

Por, prep. *for*.

Cada, adj. (invariable in gender and number), *each*.

Se alimenta (from the r. v. *alimentarse*, to feed upon), (*he*) *feeds upon*.

Manera, n. f. s. *manner*.

Millones, n. m. pl. *millions*.

Jamás, adv. *never*.

Han probado (from the irr.v. *probar*, to taste), (*they*) *have tasted*.

Sola, adj. f. s. *single*.

Ya, adv. *already*.

Cualquiera otro, pron. m. s. *any other*.

Pues, conj. *then*.

Viven (from the r. v. *vivir*, to live), (*they*) *live*.

Estas, pron. f. pl. *these*.

Apenas, adv. *scarcely*.

Puñado, n. m. s. *handful*.

Contenga (from the irr. v. *contener*, to contain), (*it*) *may contain*.

Millares, n. m. pl. *thousands*.

Descubrir, irr. v. *to discover*.

Vivientes, adj. m. *or* f. pl. *living*.

Medios, n. m. pl. *means*.

Existencia, n. f. s. *existence*.

Multiplicación, n. f. s. *multiplication*.

Inconcebibles, adj. m. *or* f. pl. *inconceivable*.

Inmensamente, adv. *immensely*.

Rica, adj. f. s. *rich*.

Animadas, adj. f. pl. *animated*.

Como, adv. *as*.

Fecunda, adj. f. s. *fecund*.

Adaptable, adj. m. *or* f. s. *adaptable*.

Aquí, adv. *here*.

Claramente, adv. *plainly*.

Manifiesto, adj. m. s. *manifest*.

Poder, n. m. s. *power*.

Hace (from the irr. v. *hacer*, to make *or* to do), (*he*) *makes*.

Podrían (from the irr. v. *poder*), (*they*) *could*.

Recordemos (from the irr. v. *recordar*, to remember), *let us remember*.

Seres, n. m. pl. *beings*.

Ha creado (from the r. v. *crear*), (*he*) *has created*.

Sustenta (from the r. v. *sustentar*, to support), (*he*) *supports*.

Aves, n. f. pl. *birds*.

Fieras, n. f. pl. *wild beasts*.

Desierto, n. m. s. *desert*.

Mares, n. f. pl. *seas*.

Dependen (from the r. v. *depender*, to depend upon), (*they*) *depend*.

Nos enseñan (from the r. v. *enseñar*, to teach), (*they*) *teach us*.

Vivir, r. v. *to live*.

Contentos, adj. m. pl. *contented*.

Admiremos (from the r. v. *admirar*, to admire), *let us admire*.

Adoremos (from the r. v. *adorar*, to adore), (*let us*) *adore*.
Divina, adj. f. s. *divine*.
Creador, n. m. s. *creator*.

LESSON IV.

Cuarta, adj. f. s. *fourth*.
Floreciente, adj. m. *or* f. s. *flourishing*.
Importante, adj. m. *or* f. s. *important*.
Antillas, adj. f. pl. *Antilles*.
Fué (from the irr. v. *ser*), (*it*) *was*.
Descubierta (from the irr. v. *descubrir*, to discover), *discovered*.
Cristóbal Colón, n. *Christopher Columbus*.
Veinte y ocho, n. *twenty-eight*.
Octubre, n. *October*.
Cuatrocientos, n. *four hundred*.
Noventa, n. *ninety*.
Dos, n. *two*.
Primeramente, adv. *firstly*.
Se llamó (from the r. v. *llamar*), (*it*) *was called*.
Juana, n. *Jane*.
Honor, n. m. s. *honor*.
Príncipe, n. m. s. *prince*.
Juan, n. *John*.
Hijo, n. m. s. *son*.
Reyes, n. m. pl. *kings*.
Católicos, adj. m. pl. *catholic*.
Fernando, n. *Ferdinand*.
Isabel, n. *Elizabeth*.
Fernandina, n. *Fernandina*.
Memoria, n. f. s. *memory*.
Monarcas, n. m. pl. *monarchs*.
Últimamente, adv. *finally*.
Reasumió (from the r. v. *reasumir*, to resume), (*it*) *resumed*.
Nombre, n. m. s. *name*.
Indígenas, adj. m. *or* f. pl. *indigenous*, or *aborigines*.
Descubrimiento, n. m. s. *discovery*.
Figura, n. f. s. *figure*.
Larga, adj. f. s. *long*.
Angosta, adj. f. s. *narrow*.
Aproximándose (from the r. v. *aproximarse*, to approach), *approaching*.
Media luna, n. f. s. *crescent*.
Lado, n. m. s. *side*.
Convexo, adj. m. s. *convex*.
Mira (from the r. v. *mirar*, to look), (*it*) *looks*.
Hacia, adv. *toward*.
Polo, n. m. s. *pole*.
Artico, adj. m. s. *arctic*.
Está (from the irr. v. *estar*, to be), (*it*) *is*.
Situada (from the r. v. *situar*, to situate), *situated*.
Entrada, n. f. s. *entrance*.
Golfo, n. m. s. *gulf*.
Méjico, n. *Mexico*.
Entre, prep. *between*.
Florida, n. *Florida*.
Península, n. f. s. *peninsula*.
Yucatán, n. *Yucatan*.
Distancia, n. f. s. *distance*.
Desde, prep. *from*.
Cabo, n. m. s. *cape*.
San Antonio, n. *Saint Anthony*.
Extremidad, n. f. s. *extremity*.
Occidental, adj. m. *or* f. s. *occidental*, *western*.
Latitud, n. f. s. *latitude*.
Septentrional, adj. m. *or* f. s. *northern*.
Veintiún, n. *twenty-one*.
Grados, n. m. pl. *degrees*.
Cincuenta, n. *fifty*.
Cuatro, n. *four*.
Minutos, n. m. pl. *minutes*.
Longitud. n. f. s. *longitude*.
Ochenta, n. *eighty*.
Siete, n. *seven*.
Quince, n. *fifteen*.
Segundos, n. m. pl. *seconds*.
Ciento, n. *one hundred*.
Veinticinco, n. *twenty-five*.
Millas, n. f. pl. *miles*.
Punta de Hicacos, n. *Point of Hicacos*.
Veintitrés, n. *twenty-three*.
Diez, n. *ten*.
Once, n. *eleven*.
Cuarenta, n. *forty*.
Meridional, adj. m. *or* f. s. *southern*.
Treinta, n. *thirty*.

Dieciseis, n. *sixteen.*
Tres, n. *three.*
Setenta, n. *seventy.*
Nueve, n. *nine.*
Mayor, adj. m. *or* f. s. *largest,* or *larger.*
Extensión, n. f. s. *extension.*
Siguiendo (from the irr. v. *seguir* to follow), *following.*
Linea, n. f. s. *line.*
Curva, adj. f. s. *curve.*
Ochocientas, n. f. *eight hundred.*
Poco, adj. m. s. *little.*
O, conj. *or.*
Menos, adv. *less.*
Anchura, m. f. s. *width.*
Muy, adv. *very.*
Irregular, adj. m. *or* f. s. *irregular.*
Varían (from the verb *variar,* to vary), (*they*) *vary.*
Area, n. f. s. *area.*
Inglesas, adj. f. pl. *English.*
Censos, n. m. pl. *census.*
Oficiales, adj. m. *or* f. pl. *official.*
Inexactos, adj. m. pl. *inexact.*
Conocen (from the irr. v. *conocer*), (*they*) *know.*
Aquel, pron. m. s. *that.*
País, n. m. s. *country.*
Calculan (from the r. v. *calcular* to calculate), (*they*) *calculate.*
Acertadamente, adv. *properly.*
Población, n. f. s. *population.*
Consiste (from the r. v. *consistir* to consist), (*it*) *consists.*
Millón, n. m. s. *million.*
Individuos, n. m. pl. *individuals; people.*
Habana, n. *Havana.*
Capital, adj. m. *or* f. s. *capital.*
Asciende (from the irr. v. *ascender,* to amount), (*it*) *amounts.*
Almas, n. f. pl. *souls.*
Ciudades, n. f. pl. *cities.*
Departamento, n. m. s. *department.*
Central, adj. m. *or* f. s. *central.*

LESSON V.

Clima, n. m. s. *climate.*
Bellísimo, adj. m. s. *most beautiful,* or *very beautiful.*
Allí, adv. *there.*
Conocido (from the irr. v. *conocer*), *known.*
Rigor, n. m. s. *rigor.*
Invierno, n. m. s. *winter.*
Aunque, adv. *although.*
Calor, n. m. s. *heat.*
Verano, n. m. s. *summer.*
Brisa, n. f. s. *breeze.*
Copioso, adj. m. s. *abundant.*
Lluvia, n. f. s. *rain.*
Estío, n. m. s. *summer.*
Purifican (from the r. v. *purificar,* to purify), (*they*) *purify.*
Refrescan (from the r. v. *refrescar,* to refresh), (*they*) *refresh.*
Atmósfera, n. f. s. *atmosphere.*
Siempre, adv. *always.*
Claro, adj. m. s. *clear.*
Purísimo, adj. m. s. *very pure.*
Azul, adj. m. *or* f. s. *blue.*
Cubre (from the irr. v. *cubrir,* to cover), (*it*) *covers.*
Suelo, n. m. s. *soil.*
Eterno, adj. m. s. *eternal.*
Verdura, n. f. s. *verdure.*
Fertilidad, n. f. s. *fertility.*
Selva, n. f. s. *forest.*
Abundante, adj. m. *or* f. s. *abundant.*
Madera, n. f. s. *wood.*
Precioso, adj. m. s. *precious.*
Construcción, n. f. s. *construction.*
Feraz, adj. m. *or* f. s. *fertile.*
Pradera, n. f. s. *meadow.*
Cubierto (from the irr. v. *cubrir*), *covered.*
Excelente, adj. m. *or* f. s. *excellent.*
Pasto, n. m. s. *pasture.*
Abundancia, n. f. s. *abundance.*
Riquísimo, adj. m. s. *very rich.*
Saludable, adj. m. *or* f. s. *healthy.*
Fruta, n. f. s. *fruit.*
Producen (from the irr. v. *producir,* to produce), (*they*) *produce.*

Casi, adv. *almost.*
Necesidad, n. f. s. *want.*
Cultivo, n. m. s. *cultivation.*
Variedad, n. f. s. *variety.*
Mineral, n. m. s. *mineral.*
Se encuentran (from the irr. v. *encontrar*, to find), (*they*) *are found.*
Riegan (from the irr. v. *regar*, to water), (*they*) *water.*
Fertilizan (from the r. v. *fertilizar*, to fertilize), (*they*) *fertilize.*
Ofrece (from the irr. v. *ofrecer*, to offer), (*it*) *offers.*
Eficaz, adj. m. or f. s. *efficacious.*
Emplear, r. v. *to employ.*
Trabajo, n. m. s. *labor.*
Menor, adj. m. or f. s. *smaller*, or *less.*
Fatiga, n. f. s. *fatigue.*
Mejor, adj. m. or f. s. *better.*
Éxito, n. m. s. *success.*
Región, n. f. s. *region.*
Comodidad, n. f. s. *commodity, comfort.*
Placer, n. m. s. *pleasure.*
Vida, n. f. s. *life.*
Hielo, n. m. s. *ice.*
Norte, n. m. s. *north.*
Perpetuo, adj. m. s. *perpetual.*
Sujeto, adj. m. s. *subject.*
Terremoto, n. m. s. *earthquake.*
Inundación, n. f. s. *inundation.*
Volcán, n. m. s. *volcano.*
Avalanche, n. m. s. *avalanche.*
Ponga (from the irr. v. *poner*, to put, to place), (*it*) *may put.*
Peligro, n. m. s. *danger.*
Huracán, n. m. s. *hurricane.*
Azotan (from the r. v. *azotar*, to lash ; in a figurative sense), (*they*) *lash.*
Arruinan (from the r. v. *arruinar*, to ruin), (*they*) *ruin.*
Se experimentan (from the r. v. *experimentar*, to experience), (*they*) *are experienced.*
Esto, pr. m. s. *this.*
Nunca, adv. *never.*
Horroroso, adj. m. s. *awful.*
Principal, adj. m. or s. *principal.*
Ramo, n. m. s. *branch.*
Riqueza, n. f. s. *wealth.*

Público, adj. m. s. *public.*
Azúcar, n. f. s. (often used as masculine in pl.) *sugar.*
Café, n. m. s. *coffee.*
Tabaco, n. m. s. *tobacco.*
Rival, adj. m. or f. s. *rival.*
Mundo, n. m. s. *world.*
Ilustrado, adj. m. s. *enlightened.*
Autor, n. m. s. *author.*
Americano, adj. m. s. *American.*
Ha dado (from the irr. v. *dar*, to give), (*she*) *has given.*
Reina, n. f. s. *queen.*

LESSON VI.

Nota, n. f. s. *note.*
Biográfico, adj. m. s. *biographical.*
Sabio, n. m. s. *wise man.*
Grecia, n. *Greece.*
Oriundo, adj. m. s. *originated from.*
Fenicia, n. *Phenicia.*
Descendiente, adj. m. or f. s. *descendant.*
Cadmo, n. *Cadmus.*
Agenor, n. *Agenor.*
Nació (from the irr. v. *nacer*, to be born), (*he*) *was born.*
Olimpiada, n. f. s. *Olympiad.*
Trigésimaquinta, adj. f. s. *thirty-fifth.*
Murió (from the irr. v. *morir*, to die), (*he*) *died.*
Quincuagésima, adj. f. s. *fiftieth.*
Edad, n. f. s. *age.*
Noventa y dos, n. *ninety-two.*
Solón, n. *Solon.*
Célebre, adj. m. or f. s. *celebrated.*
Filósofo, n. m. s. *philosopher.*
Legislador, n. m. s. *legislator.*
Antiguo, adj. m. s. *ancient.*
Salamina, n. *Salamis.*
Principio, n. m. s. *beginning.*
Setenta, n. *seventy.*
Ocho, n. *eight.*
Pitágoras, n. *Phythagoras.*
Floreció (from the r. v. *florecer*, to flourish), (*he*) *flourished.*
Sexagésima, adj. m. s. *sixtieth.*

Fué (from the irr. v. *ir*, to go), (*he*) *went*.

Italia, n. *Italy*.

Septuagésima, adj. f. s. *seventieth*.

Ochenta, n. *eighty*.

Heráclito, n. *Heraclitus*.

Natural, adj. m. *or* f. s. *native*.

Efeso, n. *Ephesus*.

Bion, n. *Bion*.

Nona, adj. f. s. *ninth*.

Sesenta, n. *sixty*.

Cinco, n. *five*.

Lloraba (from the r. v. *llorar*, to weep, to cry), (*he*) *wept*.

Contínuamente, adv. *continually*.

Lamentando (from the r. v. *lamentar*, to lament), *lamenting*.

Males, n. m. pl. *evils*.

Demócrito, n. *Democritus*.

Reía (from the irr. v. *reir*, to laugh), (*he*) *laughed*.

Mileto, n. *Miletus*.

Séptima, adj. f. s. *seventh*.

Centésima, adj. f. s. *hundredth*.

Nueve, n. *nine*.

Sócrates, n. *Socrates*.

Último, adj. m. s. *last*.

Envenenado (from the r. v. *envenenar*, to poison), *poisoned*.

Cicuta, n. f. s. *hemlock*.

Pena, n. f. s. *penalty*.

Condenado (from the r. v. *condenar*, to condemn), *condemned*.

Nonagésimo, n. m. s. *nineteenth*.

Ya, adv. *already*.

Septuagenario, adj. m. s. *septuagenary*.

Platón, n. *Plato*.

Apellidado (from the r. v. *apellidar*, to surname), *surnamed*.

Octogésimo, adj. m. s. *eightieth*.

Octavo, adj. m. s. *eighth*.

Dejó (from the r. v. *dejar*, to leave), (*he*) *left*.

Existir, r. v. *to exist*.

Primo, adj. m. s. *first*.

Aristóteles, n. *Aristotle*.

Fundador, n. m. s. *founder*.

Escuela, n. f. s. *school*.

Dialéctica, n. f. s. *dialectic*.

Nacido (from the irr. v. *nacer*, to be born), *born*.

Epicuro, n. *Epicurus*.

LESSON VII.

Acción, n. f. s. *action, deed*.

Magnánimo, adj. m. s. *magnanimous*.

Caballero, n. m. s. *knight, gentleman*.

Español, adj. m. s. *Spanish*.

Muerte, n. f. s. *death*.

Joven, adj. m. *or* f. s. *young*.

Moro, n. m. s. *moorish*.

Noble, adj. m. *or* f. s. *noble*.

Duelo, n. m. s. *duel*.

Huyó (from the r. v. *huir*, to fly, to run away), (*he*) *fled*.

Inmediatamente, adv. *immediately*.

Justicia, n. f. s. *justice*.

Persiguiéronle (from the irr. v. *perseguir*, to persecute), (*they*) *persecuted him*.

Empeño, n. m. s. *eagerness*.

Aprovechando (from the r. v. *aprovechar*, to profit), *profiting*.

Vuelta, n. f. s. *turn*.

Camino, n. m. s. *road*.

Saltó (from the r. v. *saltar*, to jump), (*he*) *jumped*.

Vista, n. f. s. *sight, view*.

Tapia, n. f. s. *mud wall*.

Jardín, n. m. s. *garden*.

Entró (from the r. v. *entrar*, to get in, to enter), (*he*) *got into*.

Dueño, n. m. s. *owner*.

Se hallaba (from the r. v. *hallar*, to find), (*he*) *found himself*.

Paseando (from the r. v. *pasear*, to walk), *walking*.

Contó (from the irr. v. *contar*, to relate, to count, &c.), *he related*.

Sucedido (from the r. v. *suceder*, to happen), *happened*.

Pidió (from the irr. v. *pedir*, to ask), (*he*) *asked*.

Permitiera (from the r. v. *permitir*, to allow), *that he would allow*.

Ocultarse, r. v. *to conceal one's self*.

Escuchó (from the r. v. *escuchar*, to hear, to listen), (*he*) *listened or heard*.

Lástima, n. f. s. *pity*.

Prometió (from the r. v. *prometer*, to promise), (*he*) *promised*.

Generosamente, adv. *generously*.

Protección, n. f. s. *protection*.

Ocultó (from the r. v. *ocultar*, to conceal), (*he*) *concealed*.

Cenador, n. m. s. *arbor*.

Asegurando (from the r. v. *asegurar*, to assure), *assuring*.

Proporcionaría (from the r. v. *proporcionar*, to provide), (*he*) *would provide*.

Fuga, n. f. s. *flight*.

Trajeron (from the irr. v. *traer*, to bring), (*they*) *brought*.

Cadáver, n. m. s. *corpse, dead body*.

Dieron (from the irr. v. *dar*, to give), (*they*) *gave*.

Matador, n. m. s. *murderer*.

Conoció (from the irr. v. *conocer*), (*he*) *knew*.

Oculto, adj. m. s. *concealed*.

Disimuló (from the r. v. *disimular*, to dissemble), (*he*) *dissembled*.

Horror, n. m. s. *horror*.

Causó (from the r. v. *causar*, to cause), (*it*) *caused*.

Retirando (from the r. v. *retirar*, to retire), *retiring*.

Aposento, n. m. s. *room*.

Permaneció (from the irr. v. *permanecer*, to remain), (*he*) *remained*.

Se dirigió (from the r. v. *dirijirse*, to proceed, to go), (*he*) *proceeded*.

Secretamente, adv. *secretly*.

Abrió (from the irr. v. *abrir*, to open), (*he*) *opened*.

Puerta, n. f. s. *door*.

Habló (from the r. v. *hablar*, to speak), (*he*) *spoke*.

Siguiente, adj. m. or f. s. *following*.

Cristiano, n. m. s. *Christian*.

Único, adj. m. s. *only*.

Amor, n. m. s. *love*.

Esperanza, n. f. s. *hope*.

Debería (*deber* is in this case equivalent to "shall"), (*he*) *should*.

Venganza, n. f. s. *revenge*.

Empeñado (from the r. v. *empeñar*, to engage), *engaged*.

Solemnemente, adv. *solemnly*.

Palabra, n. f. s. *word*.

Contigo, pron. *with thee*.

Salvar, r. v. *to save*.

Llevó (from the r. v. *llevar*, to carry, to take to), (*he*) *carried* or *took*.

Caballeriza, n. f. s. *stable*.

Presentó (from the r. v. *presentar*, to present), (*he*) *presented*.

Ligero, adj. m. s. *fast*.

Mula, n. f. s. *mule*.

Huye (from the r. v. *huir*, to fly, to run away), *fly*.

Dijo (from the irr. v. *decir*, to say), (*he*) *said*.

Sombra, n. f. s. *shade*.

Encubran (from the irr. v. *encubrir*, to conceal), (*they*) *conceal*.

Mano, n. f. s. *hand*.

Manchado (from the r. v. *manchar*, to stain), *stained*.

Justo, adj. m. s. *just*.

Gracia, n. f. s. *grace*.

Humildemente, adv. *humbly*.

Conciencia, n. f. s. *conscience*.

Queda (from the r. v. *quedar*, to remain), (*it*) *remains*.

Inmaculado, adj. m. s. *unsullied*.

Castigo, n. m. s. *punishment*.

Supremo, adj. m. s. *supreme*.

LESSON VIII.

Puritano, n. m. s. *puritan*.

Fundador, n. m. s. *founder*.

Plantador, n. m. s. *settler*.

Nueva Inglaterra, n. *New England*.

Porción, n. f. s. *portion*.

Estados Unidos, n. *United States*.

Partida, n. f. s. *party, band*.

Quien, pron. s. *who*.

Disintiendo (from the irr. v. *disentir*, to dissent), *dissenting*.

Doctrina, n. f. s. *doctrine*.

Anglicano, adj. m. s. *anglican*.

Perseguido (from the irr. v. *perseguir*), *persecuted.*

Opinión, n. f. s. *opinion.*

Religioso, adj. m. s. *religious.*

Buscaron (from the r. v. *buscar*, to seek), (*they*) *sought.*

Extranjero, adj. m. s. *foreign.*

Libertad, n. f. s. *liberty.*

Negaba (from the r. v. *negar*, to deny), (*it*) *denied.*

Emigraron (from the r. v. *emigrar*, to emigrate), (*they*) *emigrated.*

Holanda, n. *Holland.*

Permaneciéron (from the irr. v. *permanecer*), (*they*) *remained.*

Viviendo (from the r. v. *vivir*), *living.*

Armonía, n. f. s. *harmony.*

Dirección, n. f. s. *direction.*

Pastor, n. m. s. *pastor.*

Período, n. m. s. *period.*

Celo, n. m. s. *zeal.*

Combinado (from the r. v. *combinar*, to combine), *combined.*

Deseo, n. m. s. *wish, desire.*

Mejorar, r. v. *to improve.*

Condición, n. f. s. *condition.*

Temporal, adj. m. *or* f. s. *temporal.*

Indujo (from the irr. v. *inducir*, to induce), (*he*) *induced.*

Emprender, r. v. *to undertake.*

Emigración, n. f. s. *emigration.*

Lejano, adj. m. s. *far, distant.*

Sin embargo, adv. *however.*

Expulsado (from the r. v. *expulsar*, to expel, to eject), *ejected.*

Hogar, n. m. s. *hearth, fireside, home.*

Tiranía, n. f. s. *tyranny.*

Amaban (from the r. v. *amar*, to love), (*they*) *loved.*

Todavía, adv. *still, yet.*

Deseaban (from the r. v. *desear*, to wish), (*they*) *wished.*

Conservar, r. v. *to preserve.*

Lengua, n. f. s. *language, tongue.*

Nativo, adj. m. s. *native.*

Vivir, r. v. *to live.*

Gobierno, n. m. s. *government.*

Natal, adj. m. *or* f. *native.*

Razón, n. f. s. *reason.*

Indujeron (from the irr. v. *inducir*, to induce), (*they*) *induced.*

Buscar, r. v. *to seek; to search; to look for.*

Asilo, n. m. s. *asylum.*

Región, n. f. s. *region.*

Desconocido, adj. m. s. *unknown.*

Formando (from the r. v. *formar*, to form), *forming.*

Compañía, n. f. s. *company.*

Alguno, pron. m. s. *some.*

Negocio, n. m. s. *business.*

Londres, n. *London.*

Buque, n. m. s. *vessel, ship.*

Se embarcaron (from the r. v. *embarcarse*, to embark), (*they*) *embarked.*

Pudieron (from the irr. v. *poder*), (*they*) *could be.*

Acomodarse, r. v. *to be accommodated.*

Salieron (from the irr. v. *salir*), (*they*) *went out, or started.*

Donde, adv. *where.*

Encontraron (from the irr. v. *encontrar*, to meet), (*they*) *met with.*

Resto, n. m. s. *remainder, rest.*

Componían (from the irr. v. *componer*, to compose), (*they*) *composed.*

Cuerpo, n. m. s. *body.*

Quedarse, v. r. *to remain.*

Formase (from the r. v. *formar*), (*it*) *should be formed.*

Establecimiento, n. m. s. *establishment, settlement.*

Abandonar, r. v. *to abandon.*

Septiembre, n. *September.*

Llevando (from the r. v. *llevar*), *carrying.*

Á bordo, adv. *aboard, on board.*

Pasajero, n. m. s. *passenger.*

Al cabo, adv. *finally, at last.*

Largo, adj. m. s. *long.*

Peligroso, adj. m. s. *dangerous.*

Viaje, n. m. s. *voyage.*

Mes, n. m. s. *month.*

Noviembre, n. *November.*

Árido, adj. m. s. *barren.*

Costa, n. f. s. *coast.*

Anclaron (from the r. v. *anclar*, to anchor), (*they*) *anchored.*

Bahía, n. f. s. *bay.*
Mismo, adj. m. s. *same.*
Por último, adv. *at last, finally.*
Fatiga, n. f. s. *fatigue.*
Descmbarcaron (from the r. v. *desembarcar,* to land), (*they*) *landed.*
Peregrino, n. m. s. *pilgrim.*
Establecieron (from the irr. v. *establecer,* to establish), (*they*) *established.*
Colonia, n. f. s. *colony.*
Libre, adj. m. *or* f. s. *free.*
Feliz, adj. m. *or* f. s. *happy.*
Componen (from the irr. v. *componer,* to form, to compose), (*they*) *form.*
Diciembre, n. *December.*
Calendario, n. m. s. *calendar.*
Inglés, adj. m. s. *English.*
Celebrarse, r. v. *to be celebrated.*
Conmemoración, n. f. s. *commemoration.*
Suceso, n. m. s. *event.*
Aniversario, n. m. s. *anniversary.*
Desembarque, n. m. s. *landing.*
Padre, n. m. s. *father.*
Gobernador, n. m. s. *governor.*

LESSON IX.

Novena, adj. f. s. *ninth.*
Hierba, n. f. *grass.*
Aunque, conj. *though, although.*
Industria, n. f. s. *industry.*
Cultiva (from the r. v. *cultivar,* to cultivate), (*he*) *cultivates.*
Extremadamente, adv. *extremely.*
Sabríamos (from the irr. v. *saber,* to know), (*we*) *would know.*
Vegetal, adj. m. *or* f. s. *vegetable.*
Limitar, r. v. *to confine, to limit.*
Atención, n. f. s. *attention.*
Contemplar, r. v. *to contemplate.*
Maravilloso, adj. m. s. *wonderful.*
Escena, n. f. s. *scene.*
Obra, n. f. s. *work.*
Reclama (from the r. v. *reclamar,* to claim), (*it*) *claims.*
Igualmente, adv. *equally.*

Cosa, n. f. s. *thing.*
Admirable, adj. m. *or* f. s. *admirable.*
Cantidad, n. f. s. *quantity.*
Pradera, n. f. s. *meadow.*
Convencer, r. v. *to convince, to persuade.*
Espiga, n. f. s. *ear, spike of corn.*
Necesitamos (from the r. v. *necesitar,* to want, to need), (*we*) *want.*
Contar, irr. v. *to count, to number.*
Espacio, n. m. s. *space, term.*
Dado (from the irr. v. *dar,* to give), *given.*
Pronto, adv. *soon.*
Conoceremos (from the irr. v. *conocer*), (*we*) *will know.*
Superior, adj. m. *or* f. s. *superior.*
Granero, n. m. s. *granary.*
Decir, irr. v. *to say.*
Propiamente, adv. *properly.*
Ventaja, n. f. s. *advantage.*
Cuidado, n. m. s. *care.*
Requiere (from the irr. v. *requerir,* to require), (*it*) *requires.*
Cultivo, n. m. s. *cultivation.*
Perpetúa (from the r. v. *perpetuar,* to perpetuate), (*it*) *perpetuates.*
Independiente, adj. m. *or* f. s. *independent.*
Palabra, n. f. s. *word.*
Dijo (from the irr. v. *decir*), (*he*) *said.*
Produzca (from the irr. v. *producir,* to produce), *let* (*it*) *produce.*
Fértil, adj. m. *or* f. s. *fertile.*
Carencia, n. f. s. *want, deficiency.*
Grato, adj. m. s. *pleasant, grateful.*
Podría (from the irr. v. *poder,* to be able), (*it*) *could.*
Resistir, r. v. *to resist.*
Reflejo, n. m. s. *reflection, reflex.*
Deslumbrador, adj. m. s. *dazzling.*
Blanco, adj. m. s. *white.*
Rojo, adj. m. s. *red.*
Universal, adj. m. *or* f. s. *universal.*
Obscuro, adj. m. s. *dark.*

Tenebroso, adj. m. s. *gloomy.*

Triste, adj. m. *or* f. s. *sad.*

Sería (from the irr. v. *ser*), (*it*) *would be.*

Faz, n. f. s. *face.*

Bondadoso, adj. m. f. s. *bountiful.*

Creador, n. m. s. *Creator.*

Perjudicar, r. v. *to injure, to harm.*

Vista, n. f. s. *sight, view.*

Ojo, n. m. s. *eye.*

Soportar, r. v. *to bear, to support.*

Causar, r. v. *to cause.*

Pena, n. f. s. *pain.*

Sombra, n. f. s. *shade, shadow.*

Obscuridad, n. f. s. *obscurity, darkness.*

Contrario, adj. m. s. *contrary.*

Vestido (from the irr. v. *vestir*, to clothe), *clothed, clad.*

Vigorizan (from the r. v. *vigorizar*, to strengthen), (*they*) *strengthen.*

Agradan (from the r. v. *agradar*, to please), (*they*) *please.*

Diversidad, n. f. s. *diversity.*

Tal, adj. m. *or* f. s. *such.*

Diferencia, n. f. s. *difference.*

Raro, adj. m. s. *rare, scarce.*

Tinte, n. m. s. *tint, color.*

Verde, adj. m. *or* f. s. *green.*

Exactamente, adv. *exactly.*

Proveído (from the r. v. *proveer*), *provided.*

Placer, n. m. s. *pleasure.*

Provecho, n. m. s. *profit, advantage.*

Se prueba (from the irr. v. *probar*, to prove), (*it*) *is proved.*

Se presentan (from the r. v. *presentar*, to present), (*they*) *are presented.*

Donde quiera, adv. *wherever, in every place.*

Observación, n. f. s. *observation.*

Pasemos (from the r. v. *pasar*, to pass), *let us pass.*

Delante, adv. *before.*

Indiferencia, n. f. s. *indifference.*

Empleemos (from the r. v. *emplear*, to employ), *let us employ.*

Descubrir, irr. v. *to discover.*

LESSON X.

Décimo, adj. m. s. *tenth.*

Conversaban (from the r. v. *conversar*, to talk, to converse), (*they*) *talked.*

Belleza, n. f. s. *beauty.*

Particular, adj. m. *or* f. s. *particular.*

Uso, n. m. s. *use.*

Vigor, n. m. s. *vigor.*

Tamaño, n. m. s. *size.*

Cualidad, n. f. s. *quality.*

Unos, pron. m. pl. *some.*

Se jactaban (from the r. v. *jactarse*, to boast), (*they*) *boasted.*

Alto, adj. m. s. *high.*

Orgullosamente, adv. *proudly.*

Cuál, pron. *which.*

Amigo, n. m. s. *friend.*

Fuerte, adj. m. *or* f. s. *strong.*

Tormenta, n. f. s. *storm.*

Doblar, r. v. *to bend.*

Derribar, r. v. *to throw down.*

Gentil, adj. m. *or* f. s. *genteel.*

Se mecen (from the r. v. *mecer*, to wave, to rock, &c.), (*they*) *wave.*

Manera, n. f. s. *manner.*

Elegante, adj. m. *or* f. s. *elegance.*

Jactarse, r. v. *to boast.*

Elegancia, n. f. s. *elegance.*

Despoja (from the r. v. *despojar*, to despoil, to strip), (*it*) *despoils.*

Desnudo, adj. m. s. *stripped.*

Miserable, adj. m. *or* f. s. *miserable.*

Parecen (from the r. v. *parecer*, to seem), (*they*) *seem.*

Estoy (from the irr. v. *estar*), (*I*) *am.*

Perenne, adj. m. *or* f. s. *perennial, perpetual.*

Verde, adj. m. *or* f. s. *green.*

Soy (from the irr. v. *ser*), (*I*) *am.*

Digno, adj. m. s. *worthy.*

Inmarcesible, adj. m. *or* f. s. *immarcessible, unfading.*

Orgulloso, adj. m. s. *proud.*

Aparecer, r. v. *to appear.*

Mejor, adj. m. *or* f. s. *better.*

Vino (from the irr. v. *venir*), (*he*) *came*.

Amo, n. m. s. *owner, master*.

Hacha, n. f. s. *axe*.

Marcar, r. v. *to mark*.

Quería (from the irr. v. *querer*, to want, to wish), (*he*) *wanted*.

Derribar, r. v. *to cut down*.

Siempre-verde, adj. m. *or* f. s. *evergreen*.

Fueron (from the irr. v. *ser*), (*they*) *were*.

Escogido (from the r. v. *escoger*, to choose), *chosen*.

Dentro de, adv. *within*.

Derribado (from the r. v. *derribar*), *cut down*.

Cortado (from the r. v. *cortar*, to cut), *cut*.

Veis (from the irr. v. *ver*, to see), (*you*) *see*.

Vano, adj. m. s. *vain*.

Cualesquiera, pron. pl. *whichever*.

Poseamos (from the r. v. *poseer*, to possess), (*we*) *may possess*.

Jactancioso, adj. m. s. *boasting*.

Tenemos (from the irr. v. *tener*, to have, to possess), (*we*) *have*.

Asegurar, r. v. *to assure*.

Duración, n. f. s. *duration*.

LESSON XI.

Undécima, adj. m. s. *eleventh*.

Vamos (from the irr. v. *ir*, to go), *let us go*.

Pasear, r. v. *to walk; to take a walk*.

Hablaremos (from the r. v. *hablar*, to speak), (*we*) *will speak*.

Pino, n. m. s. *pine*.

Montaña, n. f. s. *mountain*.

Sauce, n. m. s. *willow*.

Mece (from the r. v. *mecer*), (*it*) *waves*.

Manso, adj. m. s. *mild*.

Lago, n. m. s. *lake*.

Cristalino, adj. m. s. *crystal*.

Cardo, n. m. s. *thistle*.

Armado (from the r. v. *armar*, to arm), *armed*.

Pequeño, adj. m. s. *little, small*.

Espina, n. f. s. *thorn*.

Malva, n. f. s. *mallows*.

Benigno, adj. m. s. *benign*.

Está (from the irr. v. *estar*), (*it*) *is*.

Cubierto (from the irr. v. *cubrir*), *covered*.

Película, n. f. s. *pellicle*.

Suave, adj. m. *or* f. s. *soft*.

Encina, n. f. s. *oak*.

Hunde (from the r. v. *hundir*, to sink), (*it*) *sinks*.

Grueso, adj. m. s. *big, gross*.

Desafía (from the r. v. *desafiar*, to brave), (*it*) *braves*.

Tempestad, n. f. s. *storm, tempest*.

Margarita, n. f. s. *daisy*.

Esmalta (from the r. v. *esmaltar*), (*it*) *variegates with colors*.

Florece (from the irr. v. *florecer*, to blossom), (*it*) *blossoms*.

Pie, n. m. s. *foot*.

Tulipán, n. m. s. *tulip*.

Terreno, n. m. s. *ground*.

Jardinero, n. m. s. *gardener*.

Junco, n. m. s. *rush* (a plant).

Caña, n. f. s. *reed, cane*.

Lugar, n. m. s. *place*.

Húmedo, adj. m. s. *humid*.

Nenúfar, n. m. s. *nenuphar*.

Se bañan (from the r. v. *bañar*, to bathe), (*they*) *bathe themselves*.

Nada (from the r. v. *nadar*, to swim), (*it*) *swims*.

Espuma, n. f. s. *foam*.

Alelí, n. m. s. *gillyflower*.

Se arraiga (from the r. v. *arraigar*, to root), (*it*) *roots*.

Exhala (from the r. v. *exhalar*, to exhale), (*it*) *exhales*.

Perfume, n. m. s. *perfume*.

Ruina, n. f. s. *ruin*.

Forma, n. f. s. *form*.

Distinto, adj. m. s. *distinct, different*.

Aproxima (from the r. v. *aproximar*, to approach), (*it*) *approaches*.

Renacen (from the irr. v. *renacer*, to grow again, to be born again), (*they*) *grow again*.

Prímula, n. f. s. *primrose*.
Lirio, n. m. s. *lily*.
Mostrando (from the irr. v. *mostrar*, to show), *showing*.
Lindo, adj. m. s. *pretty*.
Clavel, n. m. s. *pink*.
Espera (from the r. v. *esperar*, to wait for), (*it*) *waits for*.
Laurel, n. m. s. *laurel*.
Semejante, adj. m. *or* s. *like*.
Trigo, n. m. s. *wheat*.
Producirá (from the irr. v. *producir*, to produce), (*it*) *produces*.
Bellota, n. f. s. *acorn*.
Viña, n. f. s. *vineyard*.
Cereza, n. f. s. *cherry*.
Nace (from the irr. v. *nacer*, to grow, to be born), (*it*) *grows*.
Propio, adj. m. s. *own*.
Conserva (from the r. v. *conservar*, to preserve), (*he*) *preserves*.
Frío, n. m. s. *cold*.
Nieve, n. f. s. *snow*.
Helado (from the irr. v. *helar*, to freeze), *frozen*.
Siembra (from the irr. v. *sembrar*, to sow), (*he*) *sows*.
Silvestre, adj. m. *or* s. *wild*.
Calienta (from the irr. v. *calentar*, to warm), (*he*) *warms*.
Seno, n. m. s. *bosom*.
Hace (from the irr. v. *hacer*), (*he*) *makes*.
Germinar, r. v. *to germinate*.
Vigoriza (from the r. v. *vigorizar*), (*he*) *strengthens*.
Rodea (from the r. v. *rodear*, to surround), (*it*) *surrounds*.
Viene (from the irr. v. *venir*), (*it*) *comes*.
Mano, n. f. s. *hand*.
Astro, n. m. s. *star*.
Iluminan (from the r. v. *iluminar*, to illuminate), (*they*) *illuminate*.
Podemos (from the irr. v. *poder*), (*we*) *can*.
Invisible, adj. m. *or* f. s. *invisible*.
Mortal, adj. m. *or* f. s. *mortal*.
Adorar, r. v. *to adore*.

Santo, adj. m. s. *holy*.
Conozcamos (from the irr. v. *conocer*), *let us know*.
Bendeciremos (from the irr. v. *bendecir*, to bless), (*we*) *will bless*.

LESSON XII.

Duodécimo, adj. m. s. *twelfth*.
Invención, n. f. s. *invention*.
Imprenta, n. f. s. *printing*.
Alemán, adj. m. s. *German*.
Industrioso, adj. m. s. *industrious*.
Establecieron (from the irr. v. *establecer*, to establish), (*they*) *established*.
Maguncia, *Mayence* or *Mainz*.
Prensa, n. f. s. *press*.
Tipografía, n. f. s. *typography*.
Hoy, adv. *to-day*.
Poseen (from the r. v. *poseer*), (*they*) *possess*.
Ejemplar, n. m. s. *copy* (*of a book*).
Conservan (from the r. v. *conservar*), (*they*) *preserve*.
Reclama (from the r. v. *reclamar*), (*it*) *claims*.
Lorenzo, n. *Lawrence*.
Atribuyen (from the r. v. *atribuir*, to ascribe), (*they*) *ascribe*.
Estrasburgo, n. *Strasburg*.
Impresor, n. m. s. *printer*.
Anterior, adj. m. *or* f. s. *previous*, *anterior*.
Descubrimiento, n. m. s. *discovery*.
Pertenece (from the irr. v. *pertenecer*, to belong), (*it*) *belongs*.
Ciudad, n. f. s. *city*.
Prior, n. m. s. *prior* (*of a convent*).
Sorbona, n. *Sorbonne*.
Establecer, r. v. *to establish*.
Taller, n. m. s. *workshop*.
Se imprimieron (from the irr. v. *imprimir*, to print), (*they*) *were printed*.

Venían (from the irr. v. *venir*),
(*they*) *came*.
Alemania, n. *Germany*.
Causaron (from the r. v. *causar*),
(*they*) *caused*.
Perjuicio, n. m. s. *damage*.
Oficio, n. m. s. *business, office,
profession*.
Copista, n. m. s. *copyist*.
Denunciaron (from the irr. v. *de-
nunciar*, to denounce), (*they*)
denounced.
Parlamento, n. m. s. *parliament*.
Arte, n. m. *or* f. s. *art*.
Brujería, n. f. s. *witchcraft*.
Juez, n. m. s. *judge*.
Crédulo, adj. m. s. *credulous*.
Crédito, n. m. s. *credit*.
Singular, adj. m. *or* f. s. *singu-
lar*.
Denuncia, n. f. s. *denunciation*.
Ordenaron (from the r. v. *orde-
nar*, to order), (*they*) *ordered*.
Confiscación, n. f. s. *confisca-
tion*.
Libro, n. m. s. *book*.
Impreso (from the irr. v. *impri-
mir*), *printed*.
Murió (from the irr. v. *morir*, to
die), (*he*) *died*.
Epidemia, n. f. s. *epidemic*.
Recibido (from the r. v. *recibir*,
to receive), *received*.
Consideración, n. f. s. *considera-
tion*.
Debido, adj. m. s. *due*.
Mérito, n. m. s. *merit*.
Obtuvo (from the irr. v. *obtener*,
to obtain), (*he*) *obtained*.
Empleo, n. m. s. *office, employ*.
Servidumbre, n. f. s. *suit*.
Elector, n. m. s. *elector*.
Emperador, n. m. s. *emperor*.
Concedió (from the r. v. *conceder*,
to grant), (*he*) *granted*.
Distinción, n. f. s. *distinction*.
Estima, n. f. s. *esteem*.
Auxilio, n. m. s. *aid, help*.
Se difunde (from the r. v. *difun-
dir*, to spread), (*it*) *is spread*.
Fácilmente, adv. *easily*.
Instrucción, n. f. s. *instruction*.
Extremo, n. m. s. *extremity, end*.

LESSON XIII.

Homero, n. *Homer*.
Diálogo, n. m. s. *dialogue*.
Pregunta, n. f. s. *question*.
Respuesta, n. f. s. *answer*.
Profano, adj. m. s. *profane*.
Llamado (from the r. v. *llamar*),
called.
Poeta, n. m. s. *poet*.
Cristo, n. *Christ*.
Época, n. f. s. *epoch*.
Preciso, adj. m. s. *precise, exact*.
Nacimiento, n. m. s. *birth*.
Patria, n. f. s. *native land*.
Esmirna, n. *Smyrna*.
Colofonte, n. *Colophonte*.
Salamina, n. *Salamis*.
Rodas, n. *Rhodes*.
Poema, n. m. s. *poem*.
Iliada, n. f. *Iliad*.
Odisea, n. f. *Odyssey*.
Mostró (from the irr. v. *mostrar*),
(*he*) *showed*.
Profundo, adj. m. s. *profound,
deep*.
Conocimiento, n. m. s. *knowl-
edge*.
Corazón, n. m. s. *heart*.
Inmortalizado (from the r. v.
inmortalizar, to immortalize),
immortalized.
Sublimidad, n. f. s. *sublimity*.
Poesía, n. f. s. *poetry*.
Dulzura, n. f. s. *sweetness*.
Estilo, n. m. s. *style*.
Asunto, n. m. s. *subject*.
Cólera, n. f. s. *anger*.
Aquiles, n. *Achilles*.
Fatal, adj. m. *or* f. s. *fatal*.
Legión, n. f. s. *legion*.
Griego, adj. m. s. *Greek*.
Muro, n. m. s. *wall*.
Troya, n. *Troy*.
Aventura, n. f. s. *adventure*.
Ulises, n. *Ulysses*.
Cuando, adv. *when*.
Itaca, n. *Ithaca*.
Guerra, n. f. s. *war*.
Troyana, adj. m. s. *Trojan*.
Comparativo, adj. m. s. *compara-
tive*.

Contiene (from the irr. v. *contener*, to contain), (*it*) *contains*.
Duda, n. f. s. *doubt*.
Despierta (from the irr. v. *despertar*, to awake), (*it*) *awakes*.
Vivo, adj. m. s. *lively*.
Interés, n. m. s. *interest*.
Prueba (from the irr. v. *probar*, to prove), (*it*) *proves*.
Imaginación, n. f. s. *imagination*.
Bellamente, adv. *beautifully*.
Mediodía, n. m. s. *midday, noon*.
Dulce, adj. m. or f. s. *sweet*.
Respeto, n. m. s. *respect, regard*.
Veneración, n. f. s. *veneration*.
Memoria, n. f. s. *memory*.
Erigieron (from the r. v. *erigir*, to erect), (*they*) *erected*.
Altar, n. m. s. *altar*.
Adoraban (from the r. v. *adorar*), (*they*) *adored*.
Se celebraban (from the r. v. *celebrar*, to celebrate), (*they*) *were celebrated*.
Fiesta, n. f. s. *festival*.
Se acuñaban (from the r. v. *acuñar*, to coin), (*they*) *were coined*.
Moneda, n. f. s. *money*.
Perpetuar, r. v. *to perpetuate*.
Alejandro, n. *Alexander*.
Constantemente, adv. *constantly*.
Almohada, n. f. s. *pillow*.
Encerrado (from the irr. v. *encerrar*, to inclose), *inclosed*.
Caja, n. f. s. *box, case*.
Guarnecido (from the irr. v. *guarnecer*, to adorn), *adorned*.
Precioso, adj. m. s. *precious*.

LESSON XIV.

Décimocuarto, adj. m. s. *fourteenth*.
Ardiente, adj. m. or f. s. *burning*.
Sale (from the irr. v. *salir*, to go out, to come out, to appear), (*it*) *appears*.
Grana, n. f. s. *scarlet*.
Esparce (from the r. v. *esparcir*, to spread), (*it*) *spreads*.
Temprano, adj. m. s. *early*.

Lecho, n. m. s. *bed, couch*.
Salgo (from the irr. v. *salir*), (*I*) *go out*.
Busco (from the r. v. *buscar*), (*I*) *look for*.
Encuentro (from the irr. v. *encontrar*, to meet), (*I*) *meet*.
Donde quiera, adv. *wherever*.
Admirar, r. v. *to admire*.
Augusto, adj. m. s. *august*.
Calma, n. f. s. *calmness, stillness*.
Reina (from the r. v. *reinar*, to reign), (*it*) *reigns*.
Silencioso, adj. m. s. *silent, still*.
Convida (from the r. v. *convidar*, to invite), (*it*) *invites*.
Meditación, n. f. s. *meditation*.
Sentado (from the irr. v. *sentar*, to sit), s. *sitting*.
Tosco, adj. m. s. *rude*.
Pienso (from the irr. v. *pensar*, to think), (*I*) *think*.
Susurro, n. m. s. *whisper*.
Murmurio, n. m. s. *murmur*.
Fuente, n. f. s. *fountain*.
Ruido, n. m. s. *noise*.
Corriente, n. f. s. *running stream*.
Arroyo, n. m. s. *brook*.
Veloz, adj. m. or f. s. *rapid*.
Trino, n. m. s. *trill*.
Alegre, adj. m. or f. s. *merry*.
Canta (from the r. v. *cantar*, to sing), (*he*) *sings*.
Himno, n. m. s. *hymn*.
Levanta (from the r. v. *levantar*, to raise), (*it*) *raises*.
Anima (from the r. v. *animar*, to animate), (*it*) *animates*.
Aliento, n. m. s. *breath*.
Adoro (from the r. v. *adorar*), (*I*) *adore*.
Santo, adj. m. s. *holy*.
Me prosterno (from the r. v. *prosternar*), (*I*) *prostrate myself*.
Bendigo (from the irr. v. *bendecir*), (*I*) *bless*.

LESSON XV.

Bendición, n. f. s. *benediction*.
Pasar, r. v. *to pass*.

Niño, n. m. s. *child.*

Contar, irr. v. *to number, to count.*

Recuerdo, n. m. s. *remembrance, record.*

Mente, n. f. s. *mind.*

Tarde, n. f. s. *evening.*

Otoño, n. m. s. *autumn.*

Lloviznoso, adj. m. s. *drizzly.*

Corredor, n. m. s. *hall.*

Rodear, r. v. *to surround.*

Juguete, n. m. s. *toy.*

Momento, n. m. s. *moment.*

Ambición, n. f. s. *ambition.*

Venir, irr. v. *to come.*

Acercarse, r. v. *to approach.*

Hermana, n. f. s. *sister.*

Madre, n. f. s. *mother.*

Dejar, r. v. *to leave.*

Jugar, irr. v. *to play.*

Responder, r. v. *to answer.*

Decir, irr. v. *to say, to tell.*

Tomar, r. v. *to take.*

Brazo, n. m. s. *arm (a limb of the body).*

Notar, r. v. *to notice, to note, to observe.*

Voz, n. f. s. *voice.*

Tener, irr. v. *to have, to possess.*

Acento, n. m. s. *accent, tone.*

Extraño, adj. m. s. *strange.*

Ver, irr. v. *to see.*

Pálido, adj. m. s. *pale.*

Lágrima, n. f. s. *tear.*

Poder, irr. v. *to be able.*

Comprender, r. v. *to comprehend.*

Conducir, irr. v. *to lead, to conduct.*

Atender, irr. v. *to attend, to pay attention.*

Entrar, r. v. *to go in, to come in, to enter.*

Aposento, n. m. s. *apartment, room.*

Cerrar, irr. v. *to shut, to close.*

Penetrar, r. v. *to penetrate, to pierce.*

Postigo, n. m. s. *wicket (of a window).*

Entreabierto (from the irr. v. *entreabrir), half open.*

Persona, n. f. s. *person.*

Reinar, r. v. *to reign.*

Silencio, n. m. s. *silence.*

Cama, n. f. s. *bed.*

Levantarse, r. v. *to rise, to get up.*

Distinguir, r. v. *to distinguish, to perceive.*

Bulto, n. m. s. *bulk, form.*

Delgado, adj. m. s. *thin, emaciated.*

Sábana. n. f. s. *sheet, bed-clothes.*

Cubrir, irr. v. *to cover.*

Cabeza, n. f. s. *head.*

Reclinar, r. v. *to recline.*

Hacia atrás, adv. *backwards.*

Parecer, irr. v. *to seem, to look like.*

Cabecera, n. f. s. *bedside.*

Dirigir, r. v. *to address.*

Cariñoso, adj. m. s. *fond, lovely.*

Hablar, r. v. *to speak.*

Mirada, n. f. s. *look, glance.*

Lado, n. m. s. *side.*

Querer, irr. v. *to want, to wish.*

Saltar, r. v. *to burst (literally it means to leap, to jump).*

Ver, irr. v. *to see.*

Hacer, irr. v. *to make.*

Esfuerzo, n. m. s. *effort.*

Caer, irr. v. *to fall.*

Pesadamente, adv. *heavily.*

Estender, irr. v. *to stretch.*

Tía, n. f. s. *aunt.*

Acercar, r. v. *to approach.*

Fijar, r. v. *to fix.*

Brillar, r. v. *to shine.*

Sonreírse, irr. v. *to smile.*

Poner, irr. v. *to put.*

Poderoso, adj. m. s. *mighty, powerful.*

Acordarse, irr. v. *to remember.*

Bendecir, r. v. *to bless.*

Continuar, r. v. *to continue, to go on.*

Apartar, r. v. *to separate, to withdraw.*

Señal, n. f. s. *sign.*

Cruz, n. f. s. *cross.*

Volver, irr. v. *to turn, to return.*

Estrechar, r. v. *to press.*

Derramar, r. v. *to shed.*

Quedar, r. v. *to remain.*

Seco, adj. m. s. *dry.*

Inmóvil, adj. m. or f. s. *motionless.*

Amigo, n. m. s. *friend.*

Separar, r. v. *to separate, to withdraw, to take from.*
Sacar, r. v. *to carry out.*
Acostumbrar, r. v. *to use, to be in the habit of.*
Sacerdote, n. m. s, *priest.*
Familia, n. f. s. *family.*
Adelantarse, r. v. *to advance.*
Cirio, n. m. s. *taper.*
Encender, irr. v. *to light.*
Comenzar, irr. v. *to commence.*
Recitar, r. v. *to recite.*
Desconocido, adj. m. s. *unknown.*
Ir, irr. v. *to go.*
Sí, adv. *yes.*
Suspiro, n. m. s. *sigh.*
Arrodillarse, r. v. *to kneel.*
Salir, irr. v. *to go out.*
Reparar, r. v. *to notice, to observe.*
Llevar fuera, r. v. *to carry out.*
Huérfano, n. m. s. *orphan.*
Sentarse, irr. v. *to sit down.*
Consuelo, n. m. s. *consolation, comfort.*
Borrascoso, adj. m. s. *stormy.*
Desgracia, n. f. s. *misfortune.*
Fe, n. f. s. *faith.*
Oir, irr. v. *to hear.*

LESSON XVI.

Décimasexta, adj. f. s. *sixteenth.*
Cisne, n. m. s. *swan.*
Flotar, r. v. *to float.*
Ofrecer, irr. v. *to offer, to present.*
Cansarse, *to get tired.*
Contorno, n. m. s. *outline.*
Gracia, n. f. s. *gracefulness.*
Demostrar, irr. v. *to demonstrate, to show.*
Movimiento, n. m. s. *movement.*
Nadar, r. v. *to swim.*
Andar, irr. v. *to walk.*
Plumaje, n. m. s. *plumage.*
Doméstico, adj. m. s. *domestic.*
Pico, n. m. s. *beck.*
Rojo. adj. m. s. *red.*
Excepto, adv. *except.*
Mitad, n. f. s. *half.*
Negro, adj. m. s. *black.*

Ordinariamente, adv. *commonly, ordinarily.*
Libra, n. f. s. *pound.*
Silbido, n. m. s. *hiss.*
Provocar, r. v. *to provoke.*
Macho, adj. m. s. *male.*
Hembra, adj. f. s. *female.*
Construir, r. v. *to build.*
Nido, n. m. s. *nest.*
Montón, n. m. s. *heap.*
Ribazo, n. m. s. *bank, shore.*
Cañas, n. f. s. *reed, cane.*
Poner huevos, *to lay eggs.*
Pichón, n. m. s. *young pigeon.*
Plumilla, n. f. s. *down, little feathers.*
Pardo, adj. m. s. *gray.*
Amarillento, adj. m. s. *yellowish.*
Temor, n. m. s. *fear.*
Orgullo, n. m. s. *pride.*
Alarmarse, r. v. *to become alarmed.*
Creer, r. v. *to believe.*
Llevarse, r. v. *to carry along.*
Ala, n. f. s. *wing.*
Carne, n. f. s. *flesh, meat.*
Viejo, adj. m. s. *old.*
Duro, adj. m. s. *hard.*
Mal, adj. m. s. *bad.*
Gusto, n. m. s. *taste.*
Nuevo, adj. m. s. *new.*
Según, prep. *according to.*
Melodía, n. f. s. *melody.*
Vulgo, n. m. s. *common people, populace.*
Realidad, n. f. s. *reality.*
Alegoría, n. f. s. *allegory.*
Ingenioso, adj. m. s. *ingenious.*
Canto, n. m. s. *song.*
Moribundo, adj. m. s. *dying.*
Gozo, n. m. s. *joy.*
Felicitarse, r. v. *to congratulate.*
Producción, n. f. s. *production.*
Escritor, n. m. s. *writer.*
Discurso, n. m. s. *discourse.*
Orador, n. m. s. *orator, speaker.*
Distinguir, r. v. *to distinguish.*
Abandonar, r. v. *to abandon.*
Vivir, r. v. *to live.*
Exajerar, r. v. *to exaggerate.*
Verdad, n. f. s. *truth.*
Gozar, r. v. *to enjoy.*
Larguísimo, adj. m. s. *very long.*

LESSON XVII.

Contemplación, n. f. s. *contemplation.*
Ser, n. m. s. *being.*
Formar, r. v. *to form, to build.*
Soberbio, adj. m. s. *superb.*
Bóveda, n. f. s. *vault.*
Globo, n. m. s. *globe.*
Continuación, n. f. s. *continuation.*
Perpetuo, adj. m. s. *perpetual.*
Velocidad, n. f. s. *velocity.*
Indecible, adj. m. or f. s. *inexpressible.*
Ordenar, r. v. *to order.*
Masa, n. f. s. *mass (of any matter).*
Materia, n. f. s. *matter.*
Inerte, adj. m. or f. s. *inert.*
Asumir, r. v. *to assume.*
Derivarse, r. v. *to derive.*
Conexión, n. f. s. *connection.*
Determinar, r. v. *to determine.*
Proporción, n. f. s. *proportion.*
Limitar, r. v. *to limit.*
Prescribir, irr. v. *to prescribe.*
Ley, n. f. s. *law.*
Transcurso, n. m. s. *lapse.*
Siglo, n. m. s. *century.*
Permanecer, irr. v. *to remain.*
Descubrir, irr. v. *to discover.*
Trazar, r. v. *to trace.*
Vasto, adj. m. s. *vast.*
Círculo, n. m. s. *circle.*
Mandar, r. v. *to order.*
Moverse, irr. v. *to move.*
Continuar, r. v. *to continue, to go on.*
Curso, n. m. s. *course.*
Interrumpir, r. v. *to interrupt.*
Progresión, n. f. s. *progression.*
Cuestión, n. f. s. *question.*
Conducir, irr. v. *to lead, to conduct.*
Adorable, adj. m. or f. s. *adorable.*
Inteligencia, n. f. s. *intelligence.*
Sobrenatural, adj. m. or f. s. *supernatural.*
Celestial, adj. m. or f. s. *celestial, heavenly.*
Influencia, n. f. s, *influence.*

Despertar, irr. v. *to awake.*
Medir, irr. v. *to measure.*
Entendimiento, n. m. s. *understanding, mind.*
Llenar, r. v. *to fill, to full.*
Asombro, n. m. s. *wonder.*
Magnitud, n. f. s. *magnitude.*
Esfera, n. f. s. *sphere.*
Fábrica, n. f. s. *building.*
Universo, n. m. s. *universe.*
Todopoderoso, adj. m. s. *almighty.*
Idea, n. f. s. *idea,*
Confundirse, r. v. *to be confounded.*
Deber, r. v. *to owe.*
Hueste, n. f. s. *host.*
Majestuosamente, adv. *majestically.*
Grandioso, adj. m. s. *grand.*
Saciarse, r. v. *to satiate.*
Esplendor, n. m. s. *splendor.*
Ánimo, n. m. s. *mind.*
Satisfacerse, irr. v. *to be satisfied.*
Débil, adj. m. or f. s. *weak, feeble.*
Ojeada, n. f. s. *glance.*
Propriedad, n. f. s. *propriety.*
Plan, n. m. s. *plan.*
Admirable, adj. m. or f. s. *admirable.*
Calcular, r. v. *to calculate.*
Balanza, n. f. s. *balance.*
Establecer, irr. v. *to establish.*
Proponerse, irr. v. *to propose to one's self.*
Perderse, irr. v. *to be lost.*
Postrarse, r. v. *to prostrate.*
Trono, n. m. s. *throne.*

LESSON XVIII.

Decimoctavo, adj. m. s. *eighteenth.*
Adiós, adv. *farewell.*
Lugar, n. m. s. *place.*
Presentimiento, n. m. s. *foreboding.*
Colina, n. f. s. *hill.*
Plateado, adj. m. s. *silvery.*
Esmeralda, n. f. s. *emerald.*
Destilarse, r. v. *to distil.*
Bálsamo, n. m. s. *balm.*

Herido (from the irr. v. *herir*, to wound), *wounded*.
Puro, adj. m. s. *pure*.
Refrescar, r. v. *to refresh*.
Frente, n. f. s. *brow, forehead*.
Abrasar, r. v. *to burn*.
Inspirar, r. v. *to inspire*.
Tranquilidad, m. f. s. *tranquillity*.
Espíritu, n. m. s. *spirit*.
Atormentar, r. v. *to torment; to torture*.
Sagrado, adj. m. s. *sacred*.
Casa, n. f. s. *house*.
Fortalecer, irr. v. *to strengthen*.
Frágil, adj. m. or f. s. *frail*.
Barca, n. f. s. *bark*.
Navegar, r. v. *to navigate*.
Paz, n. f. s. *peace*.
Encanto, n. m. s. *charm*.
Errar, irr. v. *to wander; to roam*.
Márgen, n. f. s. *shore, bank*.
Favorito, adj. m. s. *favorite*.
Recodo, n. m. s. *meander*.
Expansión, n. f. s. *expansion*.
Borrasca, n. f. s. *storm*.
Apaciguarse, r. v. *to quiet*.
Tormentoso, adj. m. s. *stormy*.
Ola, n. f. s. *wave, billow*.
Pasión, n. f. s. *passion*.
Convertirse, irr. v. *to be converted; to change into*.
Impresión, n. f. s. *impression*.
Orilla, n. f. s. *bank, shore*.
Temer, r. v. *to fear*.
Volver, irr. v. *to return; to go back, &c.*
Agitar, r. v. *to agitate*.
Populoso, adj. m. s. *populous*.
Encantador, adj. m. s. *charming*.
Doncella, n. f. s. *maid*.
Virtuoso, adj. m. s. *virtuous*.
Abrir, irr. v. *to open*.
Puerta, n. f. s. *door*.
Mansión, n. f. s. *mansion*.
Pobre, adj. m. or f. s. *poor*.
Extranjero, adj. m. s. *foreigner*.
Consolar, irr. v. *to comfort; to console*.
Soledad, n. f. s. *solitude*.
Dolor, n. m. s. *grief, sorrow*.
Sentir, irr. v. *to feel*.
Corto, adj. m. s. *short*.
Esperanza, n. f. s. *hope*.

Muerto (from the irr. v. *morir*), *dead*.
Porvenir, n. m. s. *future, time to come*.
Obscuro, adj. m. s. *dark, gloomy*.
Guía, n. m. s. *guide*.
Atravesar, irr. v. *to cross*.
Esperar, r. v. *to hope; to wait; to expect*.
Golpe, n. m. s. *blow*.
Acompañar, r. v. *to accompany; to tend*.
Atribulado, adj. m. s. *afflicted*.

LESSON XIX.

Décimonono, adj. m. s. *nineteenth*.
Medir, irr. v. *to measure*.
Regular, adj. m. or f. s. *regular*.
Evidente, adj. m. or f. s. *evident*.
Morir, irr. v. *to die*.
Proporcional, adj. m. or f. s. *proportional*.
Nacimiento, n. m. s. *birth*.
Generalmente, adv. *generally*.
Disminuir, r. v. *to decrease*.
Empezar, irr. v. *to begin*.
Aumentarse, r. v. *to increase*.
Providencia, n. f. s. *Providence*.
Extender, irr. v. *to extend*.
Vigilar, r. v. *to watch*.
Proteger, r. v. *to protect*.
Distinción, n. f. s. *distinction*.
Pequeño, adj. m. s. *little, small*.
Incierto, adj. m. s. *uncertain*.
Constitución, n. f. s. *constitution, temper*.
Físico, adj. m. s. *physical*.
Individuo, n. m. s. *individual*.
Sujeto, adj. m. s. *subject to*.
Enfermedad, n. f. s. *disease, sickness*.
Accidente, n. m. s. *accident*.
Seguro, adj. m. s. *safe, secure, free*.
Contagio, n. m. s. *contagion*.
Motivo, n. m. s. *motive*.
Poderoso, adj. m. s. *powerful*.
Temor, n. m. s. *fear*.
Excitar, r. v. *to excite*.
Obrar, r. v. *to act*.

Hecho, n. m. s. *deed, action.*
Aceptable, adj. m. *or* f. *acceptable.*
Provenir, irr.v. *to proceed, to originate.*
Acción, n. f. s. *act, deed.*
Constante, adj. m. s. *constant.*
Galardón, n. m. s. *reward.*
Delicia, n. f. s. *delight, enjoyment, pleasure.*
Sensación, n. f. s. *sensation.*
Malvado, adj. m. s. *wicked.*

LESSON XX.

Vigésimo, adj. m. s. *twentieth.*
Fragmento, n. m. s. *fragment.*
Dormir, irr. v. *to sleep.*
Velar, r. v. *to watch, to wake.*
Ruego, n. m. s. *prayer, petition.*
Enviar, r. v. *to send.*
Oir, r. v. *to hear.*
Mejilla, n. f. s. *cheek.*
Angelical, adj. m. *or* f. s. *angel-like, angelic.*
Pupila, n. f. s. *eye-ball, pupil.*
Cristal, n. m. s. *crystal.*
Sonrisa, n. f. s. *smile.*
Ángel, n. m. s. *angel.*
Inflamar, r. v. *to inflame, to kindle.*
Partir, r. v. *to divide, to share.*
Estrecho, adj. m. s. *uneasy, narrow.*
Alzar, r. v. *to raise.*
Vuelo, n. m. s. *fight.*
Pararse, r. v. *to stop.*
Inundar, r. v. *to inundate.*
Ilusión, n. f. s. *illusion.*
Raudo, adj. m. s. *swift, rapid.*
Bullicioso, adj. m. s. *noisy.*
Cesar, r. v. *to cease.*

LESSON XXI.

Vigésimoprimo, adj. m. s. *twenty-first.*
Junto, adv. *near, by.*
Cuna, n. f. s. *cradle.*
Infante, n. m. s. *infant.*
Brazo, n. m. s. *arm.*

Entrelazarse, r. v. *to twine.*
Mútuo, adj. m. s. *mutual.*
Abrazo, n. m. s. *embrace.*
Sueño, n. m. s. *sleep.*
Caer, irr. v. *to fall.*
Á través, adv. *through.*
Celosía, n. f. s. *lattice.*
Velo, n. m. s. *veil.*
Plata, n. f. s. *silver.*
Facciones, n. f. pl. *features.*
Rizo, n. m. s. *curl.*
Ondear, r. v. *to wave.*
Respiración, n. f. s. *breath.*
Labio, n. m. s. *lip.*
Coral, n. m. s. *coral.*
Jugar, irr. v. *to play.*
Excesivo, adj. m. s. *excessive.*
Intenso, adj. m. s. *intense.*
Sobrecoger, r. v. *to come over, to overcome.*
Quizá, adv. *perhaps.*
Pimpollo, n. m. s. *bud.*
Tocar, r. v. *to touch.*
Devuelto (from the irr. v. *devolver,* to send back, to give back), *sent back.*
Fervoroso, adj. m. s. *fervent.*
Plegaria, n. f. s. *prayer.*
Dispensador, n. m. s. *giver.*
Acento, n. m. s. *accent.*
Mente, n. f. s. *mind.*
Transportarse, r. v. *to transport one's self.*
Escabroso, adj. m. s. *rough, rugged.*
Senda, n. f. s. *path.*
Estremecerse, irr. v. *to shudder.*
Considerar, r. v. *to consider, to behold.*
Esperar, r. v. *to wait.*
Ferviente, adj. m. *or* f. s. *fervent.*
Pureza, n. f. s. *purity.*
Librar, r. v. *to preserve, to keep free.*
Crimen, n. m. s. *crime.*
Deshonra, n. f. s. *dishonor.*
Vicio, n. f. s. *vice.*
Cubrir, irr. v. *to cover.*
Manto, n. m. s. *mantle.*
Espectro, n. m. s. *spectre.*
Mancha, n. f. s. *stain.*
Alcanzar, r. v. *to obtain, to reach.*
Bienaventurado, adj. m. s. *blessed.*

Corrupción, n. f. s. *corruption.*
Conflicto, n. m. s. *conflict.*
Terrible, adj. m. *or* f. s. *terrible.*
Lucha, n. f. s. *struggle.*
Agonía, n. f. s. *agony.*
Terrenal, adj. m. *or* f. s. *terrene, terrestrial, worldly.*
Triunfar, r. v. *to triumph.*
Ceder, r. v. *to yield.*

LESSON XXII.

Vigésimosegundo, adj. m. s. *twenty-second.*
Julio, n. *July.*
Manuel, n. *Emmanuel.*
Portugal, n. *Portugal.*
Juventud, n. f. s. *youth.*
Pupilo, n. m. s. *pupil.*
Enrique, n. *Henry.*
Doblar, r. v. *to double.*
Buena-Esperanza, n. *Good-Hope.*
Llegar, r. v. *to reach, to arrive.*
Posible, adj. m. *or* f. s. *possible.*
India, n. *India.*
Díaz, n. *Diaz.*
Tráfico, n. m. s. *trade.*
Guinea, n. *Guinea.*
Acompañar, r. v. *to accompany.*
Camino, n. m. s. *way, road.*
Costa, n. f. s. *coast.*
África, n. *Africa.*
Portugués, adj. m. s. *Portuguese.*
Fez, n. *Fez.*
Traficar, r. v. *to trade.*
Negro, n. m. s. *negro.*
Mozambique, n. *Mozambique.*
Entrometerse, r. v. *to intrude.*
Persuadir, r. v. *to persuade.*
Enemigo, adj. m. s. *enemy.*
Expuesto (from the irr. v. *exponer,* to expose), *exposed.*
Ocurrir, r. v. *to apply.*
Piloto, n. m. s. *pilot.*
Dirigir, r. v. *to steer.*
Nave, n. f. s. *vessel, ship.*
Vela, n. s. *sail.*
Envolver, irr. v. *to involve.*
Nación, n. f. s. *nation.*
Terror, n. m. s. *terror.*
Causar, r. v. *to cause.*

Cañón, n. m. s. *gun, cannon.*
Compeler, r. v. *to compel, to force.*
Rendir, irr. v. *to surrender.*
Arma, n. f. s. *arm, implements of war.*
Fraude, n. m. s. *fraud.*
Comisionado (from the r. v. *comisionar,* to commission), *commissioned.*
Entregar, r. v. *to deliver, to lay down.*
Paisano. n. m. s. *countryman.*
Deber, r. v. *to owe ; to be indebted.*
Salvación, n. f. s. *salvation.*
Mero, adj. m. s. *mere.*
Casualidad, n. f. s. *casualty.*
Africano, adj. m. s. *African.*
Profundidad, n. f. s. *depth.*
Necesitar, r. v. *to want, to need.*
Bajío, n. m. s. *shallow.*
Bararse, r. v. *to ground, to run ashore.*
Agitación, n. f. s. *agitation.*
Conciencia, n. f. s. *conscience.*
Proyectar, r. v. *to intend, to plan.*
Traición, n. f. s. *treachery.*
Deducir, irr. v. *to conclude, to deduce.*
Castigar, r. v. *to punish.*
Arrojarse, r. v. *to throw, to leap.*
Nadar, r. v. *to swim.*
Playa, n. f. s. *shore.*
Escaparse, r. v. *to escape.*
Conducir, irr. v. *to steer, to lead.*
Calcuta, n. *Calcutta.*
Lograr, r. v. *to accomplish.*
Soñar, irr. v. *to dream.*
Europa, n. *Europe.*
Anunciarse, r. v. *to announce one's self.*
Soberano, n. m. s. *sovereign.*
Embajador, n. m. s. *ambassador.*
Arreglar, r. v. *to conclude, to arrange, to settle.*
Tratado, n. m. s. *treaty.*
Amistad, n. f. s. *friendship.*
Manifestarse, irr. v. *to manifest one's self.*
Dispuesto (from the irr. v. *disponer,* to dispose), *disposed.*
Pacto, n. m. s. *contract, treaty.*
Valioso, adj. m. s. *valuable.*
Cargamento, n. m. s. *cargo.*

Vuelta, n. f. s. *return.*
Flota, n. f. s. *fleet.*
Pimienta, n. f. s. *pepper.*
Especias, n. f. pl. *spices.*
Ausencia, n. f. s. *absence.*

LESSON XXIII.

Vigésimotercio, adj. m. s. *twenty-third.*
Alpes, n. *Alps.*
Traducción, n. f. s. *translation.*
Original, adj. m. or f. s. *original.*
Inglés, adj. m. s. *English.*
Alpino, adj. m. s. *Alpine.*
Sepultar, r. v. *to bury.*
Forma, n. f. s. *form.*
Marcial, adj. m. or f. s. *martial.*
Guía, n. f. s. *guide.*
Detenerse, irr. v. *to stop, to halt.*
Aterido, adj. m. s. *benumbed.*
Rodar, irr. v. *to roll.*
Exclamar, r. v. *to exclaim.*
Trémulo, adj. m. s. *tremulous, trembling.*
Peñasco, n. m. s. *rock.*
Ceño, n. m. s. *frown.*
Bramar, r. v. *to roar.*
Fieramente, adv. *fiercely.*
Apoyarse, r. v. *to lean, to support.*
Pensar, irr. v. *to think.*
Música, n. f. s. *music.*
Claro, adj. m. s. *clear.*
Volver, irr. v. *to return.*
Sencillo, adj. m. s. *simple.*
Madera, n. f. s. *wood.*
Firme, adj. m. or f. s. *firm.*
Espantoso, adj. m. s. *awful.*
Ira, n. f. s. *anger.*
Viajero, n. m. s. *traveller.*
Indicar, r. v. *to point out, to indicate.*
Querido, adj. m. s. *dear.*
Compañero, n. m. s. *companion.*
Natal, adj. m. or f. s. *native.*
Reclinarse, r. v. *to recline, to lean.*
Seno, n. m. s. *bosom.*
Lloroso, adj. m. s. *weeping, tearful.*
Descanso, n. m. s. *rest.*

LESSON XXIV.

Historia, n. f. s. *history.*
Indio, n. m. s. *Indian.*
Osage, adj. m. or f. s. *Osage.*
Acamparse, r. v. *to camp.*
Valiente, adj. m. or f. *brave, courageous.*
Gallardo, adj. m. s. *genteel.*
Tribu, n. f. s. *tribe.*
Casarse, r. v. *to marry.*
Muchacha, n. f. s. *girl.*
Peregrino, adj. m. s. *rare, extraordinary.*
Campamento, n. m. s. *camp, encampment.*
Fué (from the irr. v. *ir,* to go), (*he*) *went.*
San Luis, n. *Saint Louis.*
Disponer, irr. v. *to dispose.*
Producto, n. m. s. *produce.*
Cacería, n. f. s. *game, hunting.*
Comprar, r. v. *to buy.*
Gala, n. f. s. *ornament.*
Novia, n. f. s. *bride.*
Ausencia, n. f. s. *absence.*
Semana, n. f. s. *week.*
Madero, n. m. s. *log.*
Choza, n. f. s. *hut, cottage.*
Tizón, n. m. s. *brand.*
Apagado, adj. m. s. *extinguished.*
Hoguera, n. f. s. *fire, hearth.*
Designar, r. v. *to designate, to mark.*
Sitio, n. m. s. *spot.*
Llorar, r. v. *to weep, to cry.*
Prometido, adj. m. s. *promised.*
Esposa, n. f. s. *wife.* (*Prometida esposa,* betrothed.)
Abrazar, r. v. *to embrace.*
Volverse, irr. v. *to turn.*
Acontecer, irr. v. *to happen.*
Desgracia, n. f. s. *misfortune.*
Apresurarse, r. v. *to hasten.*
Reunirse, r. v. *to join.*
Maleta, *valise, bundle.*
Marchar, r. v. *to walk, to march.*
Costumbre, n. f. s. *use, fashion.*
Indiano, adj. m. s. *Indian.*
Distante, adj. m. or f. s. *distant.*
Selvoso, adj. m. s. *woody, covered with forests.*

Doncella, n. f. s. *maid.*
Decente, adj. m. *or* f. s. *decent.*
Retornar, r. v. *to return.*
Pariente, n. m. s. *relation.*
Suceder, r. v. *to happen.*
Favorito, adj. m. s. *favorite.*
Buscar, r. v. *to search, to look for, to seek.*
Negarse, irr. v. *to refuse.*
Nueva, n. f. s. *news.*
Salud, n. f. s. *health.*
Suelo, n. m. s. *ground.*

LESSON XXV.

Vigésimoquinto, adj. m. s. *twenty-fifth.*
Vía, n. f. s. *way, path.*
Lácteo, adj. m. s. *milky.*
Telescopio, n. m. s. *telescope.*
Aparentemente, adv. *apparently.*
Ocupado (from the r. v. *ocupar,* to occupy), *occupied.*
Distintamente, adv. *distinctly.*
Perceptible, adj. m. *or* f. s. *perceptible, visible.*
Instrumento, n. m. s. *instrument.*
Antártico, adj. m. s. *antarctic.*
Fácil, adj. m. *or* f. s. *easy.*
Aparecer, irr. v. *to appear.*
Hemisferio, n. m. s. *hemisphere.*
Mitad, n. f. s. *midst, half.*
Milésimo, adj. m. s. *thousandth.*
Punto, n. m. s. *speck, point.*
Luminoso, adj. m. s. *luminous.*
Terráqueo, adj. m. s. *terraqueous.*
Altura, n. f. s. *height.*
Aunque, conj. *though.*
Aserción, n. f. s. *assertion, statement.*
Increíble, adj. m. *or* f. s. *incredible.*
Quimérico, adj. m. s. *chimerical.*
Efectivamente, adv. *positively, in fact.*
Probado (from the irr. v. *probar,* to prove), *proved.*
Junio, n. *June.*
Aumento, n. m. s. *increase.*
Magnitud, n. f. s. *magnitude.*

Comparado (from the r. v. *comparar,* to compare), *compared.*
Prueba, n. f. s. *proof.*
Comparación, n. f. s. *comparison.*
Confundirse, r. v. *to be confounded.*

LESSON XXVI.

Vigésimosexto, adj. m. s. *twenty-sixth.*
Jefe, n. m. s. *chief.*
Comunicación, n. f. s. *communication.*
Ministro, n. m. s. *minister.*
Auténtico, adj. m. s. *authentic.*
Sur, n. m. *south.*
Salvar, r. v. *to save, to rescue.*
Ciudadano, n. m. s. *citizen.*
Prisionero, n. m. s. *prisoner.*
Guerrero, n. m. s. *warrior.*
Sufrir, r. v. *to suffer, to bear.*
Redimir, r. v. *to redeem, to rescue.*
Interposición, n. f. s. *interference, interposition.*
Revivir, r. v. *to revive.*
Suceso, n. m. s. *event.*
Anal, n. m. s. *annal.*
Colonial, adj. m. *or* f. s. *colonial.*
Rescate, n. m. s. *ransom.*
Capitán, n. m. s. *captain.*
Profeta, n. m. s. *prophet.*
Francisco, n. *Francis.*
Adquirir, irr. v. *to acquire.*
Celebridad, n. f. s. *celebrity.*
Consecuencia, n. f. s. *consequence.*
Ejecución, n. f. s. *execution.*
Orden, n. f. *order.*
General, n. m. s. *general.*
Ennoblecer, irr. v. *to ennoble.*
Decidido, adj. m. s. *resolute.*
Incansable, adj. m. *or* f. s. *indefatigable, unwearied.*
Presentar, r. v. *to show, to present.*
Conducta, n. f. s. *conduct, behavior.*
Vista, n. f. s. *view.*
Notable, adj. m. *or* f. s. *remarkable.*
Aprensor, n. m. s. *capturer.*
Mayor, adj. m. *or* f. s. *older.*
Cercanía, n. f. s. *vicinity.*

Diversión, n. f. s. *amusement, sport.*
Sorprender, r. v. *to surprise.*
Grito, n. m. s. *cry.*
Anunciar, r. v. *to announce.*
Captura, n. f. s. *capture.*
Dirección, n. f. s. *direction.*
Atar, r. v. *to tie.*
Prepararse, r. v. *to prepare one's self.*
Caudillo, n. m. s. *leader.*
Autoridad, n. f. s. *authority.*
Suplicar, r. v. *to ask, to beg, to supplicate, to entreat.*
Perder, irr. v. *to lose.*
Declarar, r. v. *to declare.*
Pagar, r. v. *to pay.*
Desmayar, r. v. *to be discouraged, to faint.*
Argüir, r. v. *to argue.*
Vengativo, adj. m. s. *revengeful.*
Salvaje, adj. m. or f. s. *savage.*
Empeñado, adj. m. s. *eager.*
Matar, r. v. *to kill.*
Restituir, r. v. *to restore.*
Rescatar, r. v. *to rescue.*
Horrible, adj. m. or f. s. *horrible.*
Cruel, adj. m. or f. s. *cruel.*
Raparse, r. v. *to shave.*
Moda, n. f. s. *fashion.*
Adoptar, r. v. *to adopt.*
Traje, n. m. s. *dress, apparel.*
Género, n. m. s. *mood, manner.*
Asentir, irr. v. *to assent.*
Solicitar, r. v. *to solicit, to ask, to demand.*
Bienhechor, n. m. s. *benefactor.*
Rehusar, r. v. *to refuse, to decline.*
Ejecutar, r. v. *to execute.*
Residir, r. v. *to reside,*
Desembocadura, n. f. s. *mouth (of a river).*
Depender, r. v. *to depend.*
Recomendar, irr. v. *to recommend.*
Pensión, n. f. s. *annuity, pension.*
Resto, n. m. s. *remainder.*

Canadense, adj. m. or f. s. *Canadian.*
Indicación, n. f. s. *indication.*
Proximidad, n. f. s. *proximity.*
Ronco, adj. m. s. *hoarse.*
Rugido, n. m. s. *roar.*
Sensible, adj. m. or. f. s. *perceptible.*
Avanzar, r. v. *to advance, to go on.*
Sonar, irr. v. *to sound.*
Columna, n. f. s. *column.*
Niebla, n. f. s. *mist.*
Abismo, n. m. s. *abyss.*
Marcar, r. v. *to mark, to point.*
Determinadamente, adv. *definitely.·*
Sonido, n. m. s. *sound, noise.*
Destino, n. m. s. *fate, destiny.*
Aparente, adj. m. or f. s. *apparent.*
Espumar, r. v. *to foam.*
Hervir, irr. v. *to boil.*
Remolinarse, r. v. *to whirl.*
Permitir, r. v. *to allow.*
Extenderse, irr. v. *to extend, to spread.*
Ancho, adj. m. s. *wide.*
Canal, n. m. s. *channel.*
Precipitarse, r. v. *to rush.*
Serie, n. f. s. *series.*
Constituir, r. v. *to form, to constitute.*
Lanzarse, r. v. *to hurry down, to hurry on.*
Precipicio, n. m. s. *precipice.*
Estrellarse, r. v. *to dash.*
Roca, n. f. s. *rock.*
Catarata, n. f. s. *cataract, waterfall.*
Tronar, irr. v. *to thunder.*
Confluencia, n. f. s. *junction.*
Volúmen, n. m. s. *volume, mass.*
Verificarse, r. v. *to ascertain.*
Juzgar, r. v. *to judge.*

LESSON XXVII.

Vigésimoséptimo. adj. m. s. *twenty-seventh.*
Cascada, n. f. s. *cascade, waterfall.*

LESSON XXVIII.

Arte, n. m. or f. s. *art.*
Sed, n. f. s. *thirst.*
Ajeno, adj. m. s. *strange.*

Sorprendente, adj. m. *or* f. s. *surprising*.

Real, adj. m. *or* f. s. *real*.

Ordinario, adj. m. s. *ordinary*.

Intelectual, adj. m. *or* f. s. *intellectual*.

Original, adj. m. *or* f. s. *original*.

Glorioso, adj. m. s. *glorious*.

Prerogativa, n. m. s. *prerogative, privilege*.

Satisfacer, irr. v. *to satisfy*.

Instinto, n. m. s. *instinct*.

Combinar, r. v. *to combine*.

Mezclar, r. v. *to mingle, to combine, to meddle*.

Afinidad, n. f. s. *affinity*

Quebrantar, r. v. *to break down*.

Límite, n. m. s. *limit*.

Emoción, n. f. s. *emotion*.

Revestir, irr. v. *to invest*.

Exterior, adj. m. *or* f. s. *outward*.

Describir, irr. v. *to describe*.

Reposo, n. m. s. *repose*.

Ternura, n. f. s. *tenderness*.

Ansia, n. f. s. *anxiety*.

Goce, n. m. s. *enjoyment*.

Por consiguiente, adv. *accordingly*.

Sociedad, n. f. s. *society*.

Tregua, n. f. s. *respite*.

Tendencia, n. f. s. *tendency*.

Mira, n. f. s. *aim*.

Cristianismo, n. m. s. *Christianity*.

Espiritualizar, r. v. *to spiritualize*.

Tercera, n. f. s. *pander*.

Obscurecer, irr. v. *to dim*.

Despojarse, r. v. *to relinquish*.

Esclavizarse, r. v. *to be enslaved, to enslave one's self*.

Licencia, n. f. s. *licentiousness*.

Misantropía, n. f. s. *misanthropy*.

Olvidar, r. v. *to forget*.

Enteramente, adv. *wholly*.

Vocación, n. f. s. *vocation*.

Tono, n. m. s. *strain, tone*.

Pincelada, n. f. s. *touch* (*in painting*).

Simpatía, n. f. s. *sympathy*.

Arranque, n. m. s. *burst*.

Desprecio, n. m. s. *scorn*.

Indignación, n. f. s. *indignation*.

Vaciedad, n. f. s. *hollowness*.

Demostrar, irr. v. *to show*.

Difícil, adj. m. *or* f. s. *difficult*.

Privilegiado, adj. m. s. *gifted*.

Divorciarse, r. v. *to divorce*.

Alianza, n. f. s. *alliance*.

Deleitarse, r. v. *to delight*.

Cierto, adj. m. s. *true*.

Retratar, r. v. *to portray*.

Exceso, n. m. s. *excess*.

Mostrar, irr. v. *to show*.

Imponer, irr. v. *to command*.

Estremecedor, adj. m. s. *shuddering*.

Propósito, n. m. s. *purpose*.

Trillado, adj. m. s. (from the r. v. *trillar*, to beat a path), *beaten*.

Tedioso, adj. m. s. *tedious, tiresome*.

Revelar, r. v. *to reveal*.

Inextinguible, adj. m. *or* f. s. *unquenchable*.

Entusiasmo, n. m. s. *enthusiasm*.

Fervorizar, r. v. *to warm, to heat, to inflame*.

Purificar, r. v. *to purify*.

Juvenil, adj. m. *or* f. s. *youthful*.

Pintura, n. f. s. *delineation, picture*.

Lazo, n. m. s. *tie, knot*.

Brillo, n. m. s. *brightness*.

Profético, adj. m. s. *prophetic*.

Visión, n. f. s. *vision*.

Futuro, adj. m. s. *future*.

LESSON XXIX.

Vigésimonono, adj. m. s. *twentyninth*.

Inclinar, r. v. *to bend*.

Hollar, irr. v. *to tread*.

Lánguido, adj. m. s. *languid, fainting*.

Fuego, n. m. s. *fire*.

Lento, adj. m. s. *slow*.

Rostro, n. m. s. *face*.

Marchitar, r. v. *to wither*.

Cándido, adj. m. s. *candid*.

Hondo, adj. m. s. *deep*.

Cavilación, n. f. s. *thoughtfulness*.

Esplín, n. m. s. *spleen*.

Impío, adj. m. s. *cruel, impious*.

Oprimir, r. v. *to oppress*.

Mitad, n. f. s. *midst.*
Esconderse, r. v. *to conceal one's self, to hide one's self.*
Pardo, adj. m. s. *dark.*
Celaje, n. m. s. *cloud.*
Amortecer, irr. v. *to swoon.*
Florecilla, n. f. s. *small flower.*
Humillarse, r. v. *to droop.*
Quitar, r. v. *to take away, to remove.*
Lúgubre, adj. m. or f. s. *mournful.*
Nublar, r. v. *to cloud, to darken.*

LESSON XXX.

Lenguaje, n. m. s. *language*
Gozar, r. v. *to enjoy.*
Don, n. m. s. *gift.*
Especialmente, adv. *especially.*
Superioridad, n. f. s. *superiority.*
Bruto, n. m. s. *brute.*
Extender, irr. v. *to extend.*
Imperio, n. m. s. *empire.*
Obedecer, irr. v. *to obey.*
Habilitar, r. v. *to enable.*
Obtener, irr. v. *to obtain.*
Servicio, n. m. s. *service.*
Privado (from the r. v. *privar,* to deprive), *deprived.*
Destituído, adj. m. s. *destitute.*
Raciocinio, n. m. s. *reason.*
Poseer, r. v. *to possess.*
Espresar, r. v. *to express.*
Signo, n. m. s. *sign.*
Inferior, adj. m. or f. s. *inferior.*
Consistir, r. v. *to consist.*
Diversidad, n. f. s. *diversity.*
Emitir, r. v. *to utter.*
Laborioso, adj. m. s. *laborious.*
Investigación, n. f. s. *research.*
Contacto, n. m. s. *contact, intercourse.*
Familiar, adj. m. or f. s. *familiar.*
Gallina, n. f. s. *hen.*
Pollo, n. m. s. *chicken.*
Iuvitar, r. v. *to invite.*
Participar, r. v. *to share, to partake.*
Llamamiento, n. m. s. *call.*
Acudir, r. v. *to come, to go* (after invitation, or being called).

Lastimoso, adj. m. s. *plaintive.*
Desconsuelo, n. m. s. *distress.*
Deseo, n. m. s. *desire.*
Gallo, n. m. s. *cock, rooster.*
Perro, n. m. s. *dog.*
Persona, n. f. s. *person.*
Extraño, adj. m. s. *stranger.*
Cernirse, irr. v. *to soar.*
Chicuelo, adj. m. s. *little one.*
Esconderse, r. v. *to hide one's self.*
Mirar, r. v. *to look.*
Rapiña, n. f. s. *prey.*
Vigilancia, n. f. s. *vigilance.*
Cuidadoso, adj. m. s. *careful.*
Polluelo, n. m. s. *small chicken.*
Reunirse, r. v. *to assemble.*
Gozosamente, adv. *joyfully.*
En rededor, adv. *round.*
Variado, adj. m. s. *various, varied.*
Fiel, adj. m. or f. s. *faithful.*
Vuelta, n. f. s. *return.*
Brincar, r. v. *to jump.*
Bailar, r. v. *to dance.*
Alrededor, adv. *around.*
Ora, adv. *now.*
Pararse, r. v. *to stop.*
Afecto, n. m. s. *affection.*
Lamer, r. v. *to lick.*
Acariciar, r. v. *to caress.*
Repetido, adj. m. s. *repeated.*
Renovar, irr. v. *to renew.*
Cabriola, n. f. s. *gambol.*
Actitud, n. f. s. *attitude.*
Retozo, n. m. s. *sport.*
Ladrar, r. v. *to bark.*
Ladrón, n. m. s. *thief.*
Seguir, irr. v. *to follow.*
Sabueso, n. m. s. *hound.*
Perdiguero, n. m. s. *poulterer.*
Oreja, n. f. s. *ear.*
Cola, n. f. s. *tail.*
Proporcionar, r. v. *to afford.*
Ocasión, n. f. s. *occasion, opportunity.*
Peculiar, adj. m. or f. s. *peculiar.*
Organización, n. f. s. *organization.*
Pronunciar, r. v. *to pronounce, to utter.*
Merced, n. f. s. *mercy.*
Variar, r. v. *to vary.*
Estructura, n. f. s. *structure.*
Órgano, n. m. s. *organ.*

Perfección, n. f. s. *perfection.*
Imperfecto, adj. m. s. *imperfect.*
Incapaz, adj. m. *or* f. s. *incapable, unable.*
Comparar, r. v. *to compare.*
Limitado, adj. m. s. *limited.*
Habilitar, r. v. *to enable.*
Ascender, irr. v. *to ascend.*
Tributar, r. v. *to tribute, pay as tribute.*
Alabanza, n. f. s. *praise.*

LESSON XXXI.

Trigésimoprimo, adj. m. s. *thirty-first.*
Alabar, r. v. *to praise.*
Celebrar, r. v. *to celebrate.*
Cetro, n m. s. *sceptre.*
Regir, irr. v. *to rule.*
Unir, r. v. *to unite, to join.*
Misericordia, n. f. s. *mercy.*
Desamparado, adj. m. s. *forlorn.*
Misericordioso, adj. m. s. *merciful.*
Benévolo, adj. m. s. *benevolent.*
Caridad, n. f. s. *charity.*
Lluvia, n. f. s. *rain.*
Fertilizador, adj. m. s. *fertilizing.*
Embellecer, irr. v. *to beautify.*
Madurar, r. v. *to ripen.*
Derramar, r. v. *to shed, to pour.*
Respirar, r. v. *to breathe.*
Glorificar, r. v. *to glorify.*
Solicitud, n. f. s. *solicitude, care.*
Ensalzar, r. v. *to exalt.*
Dosel, n. m. s. *canopy.*
Reflejo, n. m. s. *reflex.*
Vestidura, n. f. s. *garment.*
Luminaria, n. f. s. *luminary.*
Palacio, n. m. s. *palace.*
Solar, adj. m. *or* f. *solar, belonging to the sun.*
León, n. m. s. *lion.*
Alado, adj. m. s. *winged.*

LESSON XXXII.

Resignación, n. f. s. *resignation.*
Coronar, r. v. *to crown.*

Beso, n. m. s. *kiss.*
Agostado, adj. m. s. (from *Agosto,* the month of August), *parched.*
Jurar, r. v. *to imprecate, to swear.*
Maldecir, irr. v. *to curse.*
Blasfemar, r. v. *to blaspheme.*
Insensato, adj. m. s. *mad.*
Escuchar, r. v. *to listen.*
Grato, adj. m. s. *pleasant, sweet.*
Balbuciar, r. v. *to stutter.*
Besar, r. v. *to kiss.*
Abatido, adj. m. s. *abated, fainting.*
Yerto, adj. m. s. *frozen.*
Gritar, r. v. *to cry, to shout.*
Arpa, n. f. s. *harp.*
Bardo, n. m. s. *bard.*
Vejez, n. f. s. *old age.*
Espirar, r. v. *to expire, to die away.*

LESSON XXXIII.

Habitación, n. f. s. *habitation.*
Castor, n. m. s. *beaver.*
Industria, n. f. s. *industry.*
Fabricar, r. v. *to build.*
Enseñar, r. v. *to teach.*
Edificio, n. m. s. *edifice.*
Construir, r. v. *to construct, to build.*
Hábil, adj. m. *or* f. s. *skilful.*
Arquitecto, n. m. s. *architect.*
Anfibio, adj. m. s. *amphibious.*
Plan, n. m. s. *plan,*
Tamaño, n. m. s. *size.*
Solidez, n. f. s. *solidity.*
Fábrica, n. f. s. *building.*
Asombro, n. m. s. *wonder.*
Atento, adj. m. s. *attentive.*
Observador, n. m. s. *observer,*
Elegir, irr. v. *to choose.*
Residencia, n. f. s. *residence.*
Provisión, n. f. s. *provision.*
Bañarse, r. v. *to bathe.*
Dique, n. m. s. *dike.*
Muro, n. m. s. *bank, wall.*
A veces, adv. *sometimes.*
Mantener. irr. v. *to keep, to maintain.*
Nivel, n. m. s. *level.*
Piso, n. m. s. *floor.*

Espesor, n. m. s. *thickness.*
Cimiento, n. m. s. *foundation, basis.*
Declive, n. m. s. *slope.*
Disminuir, r. v. *to diminish.*
Gradualmente, adv. *gradually.*
Anchura, n. f. s. *width.*
Cima, n. f. s. *top.*
Barro, n. m. s. *clay.*
Cortar, r. v. *to cut.*
Facilidad, n. f. s. *facility.*
Gajo, n. m. s. *branch (of a tree).*
Grueso, adj. m. s. *thick, big.*
Vara, n. f. s. *rod, stick.*
Flexible, adj. m. or f. s. *flexible.*
Al través, adv. *through.*
Cerca, n. f. s. *fence.*
Intersticio, n. m. s. *interstice.*
Subir, r. v. *to rise.*
Redondo, adj. m. s. *round.*
Oval, adj. m. or f. s. *oval.*
Dividido, adj. m. s. *divided.*
Islote, n. m. s. *little island.*
Edificar, r. v. *to build.*
Incomodado, from the r. v. *in-comodar,* to incommode), *in-commoded.*
Permanecer, irr. v. *to stay, to re-main.*
Conveniencia, n. f. s. *convenience.*
Clavar, r. v. *to stick, to force into.*
Estaca, n. f. s. *stake.*
Diente, n. m. s. *tooth.*
Sostener, irr. v. *to support.*
Abertura, n. f. s. *hole.*
Depositar, r. v. *to deposit.*
Ensuciar, r. v. *to dirty.*
Foso, n. m. s. *ditch.*
Pared, n. f. s. *wall.*
Perpendicular, adj. m. or f. s. *per-pendicular.*
Palo, n. m. s. *stick.*
Repellar, r. v. *to plaster.*
Arco, n. m. s. *arch.*
Ensanchar, r. v. *to enlarge.*
Agudo, adj.m. s. *sharp.*
Delantero, adj. m. s. *fore (as fore-feet).*
Dedo, n. m. s. *finger.*
Trasero, adj. m. s. *hind (as hind-feet).*
Provisto, adj. m. s. *provided, fur-nished.*

Membrana, n. f. s. *membrane*
Escama, n. f. s. *scale.*
Llana, n. f. s. *trowel.*
Oblongo, adj. m. s. *oblong.*
Albañil, n. m. s. *mason.*
Carpintero, n. m. s. *carpenter.*
Aparato, n. m. s. *apparatus.*
Escuadra, n. f. s. *square.*
Sierra, n. f. s. *saw.*
Pensador. adj. m. s. *thinking.*
Procedimiento, n. m. s. *proceed-ing.*
Deducir, irr. v. *to conclude, to de-duce.*
Adelantar, r. v. *to advance, to im-prove.*
Apartarse, r. v. *to withdraw, to vary from.*
Regla, n. f. s. *rule.*
Antepasado, n. m. s. *foregoer.*
Desviarse, r. v. *to vary from.*
Diluvio, n. m. s. *deluge.*
Digno, adj. m. s. *worthy.*

LESSON XXXIV.

Bienvenido, adj. m. s. *welcome.*
Zafiro, n. m. s. *sapphire.*
Mirra, n. f. s. *myrrh.*
Incienso, n. m. s. *incense.*
Brónceo, adj. m. s. *brassy.*
Lengua, n. f. s. *tongue.*
Anunciar, r. v. *to announce.*
Célico, adj. m. s. *heavenly.*
Mansión, n. f. s. *mansion.*
Pecho, n. m. s. *bosom, breast.*
Alivio, n. m. s. *alleviation.*
Tibio, adj. m. s. *tepid.*
Exhalarse, r. v. *to exhale.*
Resbalar, r. v. *to slide, to slip, to go along smoothly*
Pliegue, n. m. s. *fold.*
Manto, n. m. s. *mantle.*
Vagar, r. v. *to wander, to roam, to go loose.*
Entretanto, adv. *in the mean while.*
Buscar, r. v. *to look for, to seek, to search.*
Habitar, r. v. *to inhabit, to dwell.*
Vertido (from the irr. v. *verter,* to shed), *shed.*

Suspendido, adj. m. s. *suspended.*
Tristeza, n. f. s. *sadness.*
Ofender, r. v. *to offend.*
Clemente, adj. m. or f. s. *clement.*
Amante, adj. m. or f. s. (used as a noun in this case) *lover.*
Consolar, irr. v. *to console.*
Calmar, r. v. *to quiet, to calm.*
Íntimo, adj. m. s. *inmost.*
Clavar, r. v. *to strike.*
Saeta, n. f. s. *arrow.*
Amparar, r. v. *to support, to help.*

LESSON XXXV.

Fortaleza, n. f. s. *fortitude.*
Soportar, r. v. *to support, to bear.*
Revés, n. m. s. *frown (of fortune).*
Desastre, n. m. s. *disaster, misfortune.*
Abatir, r. v. *to break down.*
Intrepidez, n. f. s. *intrepidity.*
Conmovedor, adj. m. s. *touching.*
Disgusto, n. m. s. *disappointment, sorrow.*
Trivial, adj. m. or f. s. *trivial.*
Senda, n. f. s. *path.*
Mental, adj. m. or f. s. *mental.*
Consolador, adj. m. s. *comforter.*
Sostenedor, adj. m. s. *supporter.*
Resistir, r. v. *to abide, to resist.*
Firmeza, n. f. s. *firmness.*
Adversidad, n. f. s. *adversity.*
Viña, n. f. s. *vine.*
Enredar, r. v. *to twine.*
Gracioso, adj. m. s. *graceful.*
Follaje, n. m. s. *foliage.*
Robusto, adj. m. s. *strong, stout.*
Rayo, n. m. s. *thunderbolt.*
Zarcillo, n. m. s. *tendril.*
Despedazado, adj. m. s. *shattered.*
Adorno, n. m. s. *ornament.*
Apoyo, n. m. s. *stay, support.*
Solaz, n. m. s. *solace.*
Introducirse, irr. v. *to introduce one's self.*
Doblarse, r. v. *to bend.*
Conhorte, n. m. s. *comfort.*
Testigo, n. m. or f. s. *witness.*
Íntimo, adj. m. s. *intimate.*

Educado (from the r. v. *educar*, to educate), *educated.*
Anticiparse, r. v. *to anticipate.*
Capricho, n. m. s. *fancy, caprice.*
Encanto, n. m. s. *charm, enchantment.*
Pareja, n. f. s. *couple.*
Florido, adj. m. s. *flowery.*
Concertado (from the irr. v. *concertar*, to concert, to suit), *concerted.*
Matrimonio, n. m. s. *matrimony, marriage.*
Perspectiva, n. f. s. *prospect.*
Lisonjero, adj. m. s. *flattering.*
Capital, n. m. s. *capital (of money).*
Especulación, n. f. s. *speculation.*
Repentino, adj. m. s. *sudden.*
Fracaso, n. m. s. *disaster, failure.*
Reducido (from the irr. v. *reducir*, to reduce), *reduced.*
Penuria, n. f. s. *penury.*
Guardarse, r. v. *to keep to one's self.*
Prolongado, adj. m. s. *protracted.*
Agonía, n. f. s. *agony.*
Insoportable, adj. m. or f. s. *insupportable.*
Cara, n. f. s. *face.*
No obstante, adv. *notwithstanding.*
Solícito, adj. m. s. *solicitous, careful.*
Dardo, n. m. s. *dart, arrow.*
Causa, n. f. s. *cause.*
Atormentador, adj. m. s. *tormenting.*
Canción, n. f. s. *song.*
Apagar, r. v. *to quench, to extinguish.*
Palpitar, r. v. *to beat.*
Abrumar, r. v. *to weigh down.*
Miseria, n. f. s. *misery.*
Prorrumpir, r. v. *to burst.*
Elocuente, adj. m. or f. s. *eloquent.*
Parosismo, n. m. s. *paroxysm.*
Tranquilizado (from the r. v. *tranquilizar*, to quiet, to subside), *subsided.*
Exhortar, r. v. *to exhort, to urge.*
Leal, adj. m. or f. s. *true.*
Chispa, n. f. s. *spark.*
Yacer, irr. v. *to lie, to lay.*

11

Prosperidad, n. f. s. *prosperity*.
Encenderse, irr. v. *to kindle*.
Llama, n. f. s. *blaze*.
Lóbrego, adj. m. s. *dark, gloomy*.
Ángel, n. m. s. *angel*.
Vender, r. v. *to sell*.
Quinta, n. f. s. *country-seat*.
Muebles, n. m. pl. *furniture*.
Espléndido, adj. m. s. *splendid*.
Ajuar, n. m. s. *furniture*.
Brindarse, r. v. *to offer*.
Meditación, n. f. s. *meditation*.
Melancólico, adj. m. s. *melan-cholic*.
María, n. *Mary*.
Pesaroso, adj. m. s. *sorrowful, sad*.
Preguntar, r. v. *to ask* (a *question*).
Cambio, n. m. s. *change*.
Humor, n. m. s. *humor*.
Camino real, n. m. s. *highway*.
Callejón, n. m. s. *lane*.
Sombreado (from the r. v. *som-brear*, to shade), *shaded*.
Avistar, r. v. *to come in sight of*.
Apariencia, n. f. s. *appearance*.
Pastoril, adj. m. *or* f. s. *pastoral*.
Aspecto, n. m. s. *look, aspect*.
Azás, adv. *enough*.
Parra, n. f. s. *vine*.
Silvestre, adj. m. *or* f. s. *wild*.
Maceta, n. f. s. *flower-pot*.
Batey (a Cubanism), *grass-plot*.
Frente, n. m. s. *front*.
Tranquera (a Cubanism), *wicket-gate*.
Manigua, (a Cubanism) *shrub-bery*.
Apretar, irr. v. *to press, to grasp*.
Detenerse, irr. v. *to stop*.
Prestar, r. v. *to lend*.
Aficionado, adj. m. s. *fond*,
Sentir, irr. v. *to feel*.
Temblar, irr. v. *to tremble, to quiver*.
Arena, n. f. s. *sand*.
Ventana, n. f. s. *window*.
Paso, n. m. s. *step*.
Lindo, adj. m. s. *pretty*.
Campestre, adj. m. *or* f. s. *rural, country-like*.
Entretejerse, r. v. *to twist*.
Cabello, n. m. s. *hair*.

Jorge, n. *George*.
Exclamar, r. v. *to exclaim*.
Guardaraya (a Cubanism), *an avenue of trees*.
Fresa, n. f. s. *strawberry*.
Crema, n. f. s. *cream*.
Brotar, r. v. *to gush, to come forth*.
Prósperamente, adv. *prosperously*.
Exquisito, adj. m. s. *exquisite*,

LESSON XXXVI.

Trabajador, n. m. s. *workingman, laborer*.
Falta, n. f. s. *want, fault*.
Sentido, n. m. s. *sense*.
Estimular, r. v. *to stimulate*.
Ejemplo, n. m. s. *example*.
Dama de honor, n. f. s. *maid of honor*.
Manejar, r. v. *to manage;* it means *to ply*, in this case.
Aguja, n. f. s. *needle*.
Modelo, n. f. s. *model*.
Frugalidad, n. f. s. *frugality*.
Economía, n. f. s. *economy*.
Impuesto (from the irr. v. *impo-ner*, to impose), *imposed*.
Suma, n. f. s. *amount, sum*.
Saludable, adj. m. *or* f. s. *healthy, wholesome*.
Atlético, adj. m. s. *athletic*.
Destituído, adj. m. s. *destitute*.
Sólido, adj. m. s. *solid*.
Libre, adj. m. *or* f. s. *free*.
Salud, n. f. s. *health*.
Agricultura, n. f. s. *agriculture*.
Independiente, adj. m. *or* f. s. *in-dependent*.
Profesión, n. f. s. *profession*.
Cosechar, r. v. *to gather*.
Cuidar, r. v. *to watch, to attend, to care*.
Manada, n. f. s. *flock* (of herd).
Rebaño, n. m. s. *herd*.
Señalado (from the r. v. *señalar*, to assign), *assigned*.
Acomodar, r. v. *to suit, to accom-modate*.
Inculto, adj. m. s. *uncultivated*.
Mercado, n. m. s. *market*.

Dilatarse, r. v. *to expand, to spread.*

Genio, n. m. s. *genius.*

Congenial, adj. m. *or* f. s. *congenial.*

Mecánico, adj. m. s. *mechanic, mechanical.*

Abrigo, n. m. s. *raiment.*

Inventar, r. v. *to invent, to discover.*

Adelanto, n. m. s. *advancement, improvement.*

Comunidad, n. f. s. *community.*

Entero, adj. m. s. *whole.*

Ignorante, adj. m. *or* f. s. *ignorant.*

Promover, irr. v. *to promote.*

Político, adj. m. s. *politic.*

Fundamental, adj. m. *or* f. s. *fundamental.*

Gobierno, n. m. s. *government.*

Inducir, irr. v. *to induce,*

Ociosidad, n. f. s. *idleness.*

Gentil, n. m. *or* f. s. *pagan.*

Pereza, n. f. s. *laziness.*

Sumergir, r. v. *to plunge.*

Contrariar, r. v. *to thwart, to oppose.*

Designio, n. m. s. *design, purpose.*

LESSON XXXVII.

Blandamente, adv. *softly, mildly.*

Sombrío, adj. m. s. *shady.*

Doliente, adj. m. s. *plaintive, doleful.*

Envuelto (from the irr. v. *envolver, to wrap, to involve*),*wrapped, involved.*

Errante, adj. m. *or* f. s. *wandering, roaming.*

En pos, adv. *after, behind, in search of.*

Agonizante, adj. m. *or* f. s. *agonizing.*

Diamante, n. m. s. *diamond.*

Igneo, adj. m. s. *igneous.*

Alcázar, n. m. s. *palace.*

Tornar, r. v. *to return.*

Patrio, adj. m. s. *native (belonging to the native land).*

Triunfante, adj. m. *or* f. s. *triumphant.*

Cendal, n. m. s. *light transparent veil.*

LESSON XXXVIII.

Educación, n. f. s. *education.*

Sabio, adj. m. s. *wise.*

Sistema, n. m. s. *system.*

Indudablemente, adv. *undoubtedly, doubtless.*

Infancia, n. f. s. *infancy.*

Adolescencia, n. f. s. *adolescence.*

Virilidad, n. f. s. *manhood.*

Ligereza, n. f. s. *swiftness.*

Solidez, n. f. s. *solidity.*

Músculo, n. m. s. *muscle.*

Simetría, n. f. s. *symmetry.*

Expansión, n. f. s. *expansion.*

Vital, adj. m. *or* f. s. *vital.*

Ramo, n. m. s. *branch.*

Comprender, r. v. *to comprehend.*

Vestido, n. m. s. *clothing, dress.*

Ejercicio, n. m. s. *exercise.*

Alojamiento, n. m. s. *lodging.*

Temprano, adv. *early.*

Pleno, adj. m. s. *full.*

Desarrollo, n. m. s. *development.*

Dieta, n. f. s. *diet.*

Simple, adj. m. *or* f. s. *simple.*

Demasiado, adv. *too.*

Restricción, n. f. s. *restriction.*

Manejo, n. f. s. *management.*

Juego, n. m. s. *play, sport.*

Sugestión, n. f. s. *suggestion.*

Disgustarse, r. v. *to be discomposed, to feel bad.*

Montón, n. m. s. *heap, pile (of earth, stones, &c.).*

Castillo, n. m. s. *castle.*

Febrero, n. *February.*

Represa, n. f. s. *dam.*

Lodo, n. m. s. *mud.*

Abril, n. *April.*

Aguacero, n. m. s. *shower.*

Agosto, n. *August.*

Acuático, adj. m. s. *aquatic.*

Intrépido, adj. m. s. *intrepid.*

Gustar, r. v. *to please, to choose, to like.*

Encerrado (from the irr. v. *encer-rar*, to shut up, to lock), *shut up.*
Estufa, n. f. s. *stove.*
Templar, r. v. *to graduate.*
Cuarto, n. m. s. *room, apartment.*
Termómetro, n. m. s. *thermometer.*
Cortante, adj. m. or f. *keen.*
Mercurio, n. m. s. *mercury.*
Cero, n. m. s. *cipher, zero.*
Caso, n. m. s. *case.*
Temblor, n. m. s. *shivering.*
Alegrar, r. v. *to cheer up.*
Fuera, adv. *abroad.*
Enseñar, r. v. *to teach.*
Hospicio, n. m. s. *hospice, nur-sery.*
Criarse, r. v. *to be brought up.*
Calentarse, r. v. *to warm one's self.*
Retraerse, irr. v. *to turn back, to avoid.*
Bramador, adj. m. s. *roaring.*
Ráfaga, n. f. s. *blast.*
Abrasante, adj. m. or f. s. *burning.*
Abultar, r. v. *to magnify.*
Montoncillo, n. m. s. *small heap, mole-hill.*
Convertir, irr. v. *to convert, change.*
Escalar, r. v. *to scale.*
Despeñadero, n. m. s. *precipice.*
Aguila, n. m. s. *eagle.*
Nido, n. m. s. *nest.*
Pronto, adj. m. s. *ready.*
Emprender, r. v. *to undertake.*
Prudente, adj. m. or f. s. *prudent.*
Lícito, adj. m. s. *licit, lawful.*
Límite, n. m. s. *limit.*
Plantar, r. v. *to plant.*
Encina, n. f. s. *oak.*
Invernáculo, n. m. s. *green-house.*
Cedro, n. m. s. *cedar.*
Líbano, n. *Lebanon,*
Adquirir, irr. v. *to attain, to ac-quire.*
Rudo, adj. m. s. *rude, rough.*
Empuje, n. m. s. *impulse.*

LESSON XXXIX.

Regazo, n. m. s. *lap.*
Susurrar, r. v. *to whisper.*

Filial, adj. m. or f. s. *filial.*
Tarde, adv. *late.*
Omnipotencia, n. f. s. *omnipo-tence.*
Bajar, r. v. *to bend, to incline.*
Oprimirse, r. v. *to be oppressed.*
Rodar, irr. v. *to run down, to roll.*
Idolatría, n. f. s. *idolatry.*
Maternal, adj. m. or f. s. *maternal.*
Tedioso, adj. m. s. *tedious.*
Blanquear, r. v. *to whiten, to bleach.*
Amargo, adj. m. s. *bitter.*
Tumba, n. f. s. *grave, tomb.*
Rodilla, n. f. s. *knee.*

LESSON XL.

Maternidad, n. f. s. *maternity.*
Rielar, r. v. *to be reflected on the waves.*
Plácido, adj. m. s. *pleasant.*
Salón, n. m. s. *saloon.*
Palpitante, adj. m. or f. s. *vibrat-ing, palpitating.*
Vivaz, adj. m. or f. s. *lively.*
Umbral, n. m. s. *threshold.*
Pisar, r. v. *to tread.*
Durar, r. v. *to last.*
Callar, r. v. *to cease to be heard.*
Flauta, n. f. s. *flute.*
Violín, n. m. s. *violin.*
Sala, n. f. s. *hall, saloon.*
Quitrín (Cubanism), n. m. s. *gig.*
Desencanto, n. m. s. *disenchant-ment.*
Acabarse, r. v. *to finish, to vanish.*
Baile, n. m. s. *ball, dancing.*
Espejo, n. m. s. *looking-glass, mirror.*
Deponer, irr. v. *to lay aside.*
Adorno, n. m. s. *ornament, jewel.*
Sien, n. f. s. *temple (part of the head).*
En torno, adv. *round.*
Reflejo, n. m. s. *brightness, reflex.*
Desprender, r. v. *to unfasten.*
Cinta, n. f. s. *ribbon.*
Broche, n. m. s. *clasp.*
Rato, n. m. s. *while, a space of time.*

Insomnio, n. m. s. *insomnolency, watchfulness.*

Inquietud, n. f. s. *inquietude, restlessness.*

Tormento, n. m. s. *torment.*

Hora, adv. *now, at present.*

Dicha, n. f. s. *happiness.*

Relicario, n. m. s. *reliquary, shrine.*

Estrechar, r. v. *to embrace.*

Deposar, r. v. *to repose, to rest.*

Despertar, irr. v. *to awake.*

LESSON XLI.

Contraste, n. m. s. *contrast.*

Agitado, adj. m. s. *agitated.*

Aproximación, n. f. s. *approach.*

Furia, n. f. s. *fury.*

Vestigio, n. m. s. *vestige, remain.*

Bonanza, n. f. s. *calm (after a storm).*

Completo, adj. m. s. *complete.*

Agitación, n. f. s. *agitation.*

Seno, n. m. s. *bosom.*

Tranquilo, adj. m. s. *quiet, tranquil.*

Rugido, n. m. s. *roar.*

Colina, n. f. s. *hill.*

Saber, irr. v. *to know.*

Hinchado (from the r. v. *hinchar,* to swell), *swollen.*

Espumante, adj. m. or f. s. *foaming.*

Romperse, r. v. *to dash, to break.*

Playa, n. f. s. *shore.*

Alejarse, r. v. *to pass away.*

Gigante, adj. m. s. *gigantic.*

Mónstruo, n. m. s. *monster.*

Superficie, n. f. s. *surface.*

Silencioso, adj. m. s. *silent.*

Extenderse, irr. v. *to spread.*

Coronar, r. v. *to crown.*

Mirarse, r. v. *to gaze.*

Encantado, adj. m. s. *enchanted.*

Retrato, n. m. s. *portrait.*

Detenerse, irr. v. *to stop.*

Vivo, adj. m. s. *bright, shining.*

Remedo, n. m. s. *imitation, copy.*

Desvanecerse, irr. v. *to vanish.*

Apagarse, r. v. *to fade, to extinguish.*

Reflejarse, r. v. *to reflect.*

Augusto, adj. m. s. *august.*

Piélago, n. m. s. *the main sea.*

Mágica, n. f. s. *witchery.*

Pincel, n. m. s. *pencil.*

Gozarse, r. v. *to rejoice, to enjoy one's self.*

LESSON XLII.

Sin artificio (compound phrase), *artless.*

Frecuente, adj. m. or f. s. *frecuent.*

Rapto, n. m. s. *rapture, burst.*

Pueril, adj. m. or f. s. *childish.*

Obligado (from the r. v. *obligar,* to compel, to oblige), *compelled.*

Repentino, adj. m. s. *sudden.*

Amargar, r. v. *to imbitter.*

Prometer, r. v. *to promise.*

Demorarse, r. v. *to delay.*

Techo, n. m. s. *roof.*

Pensativo, adj. m. s. *thoughtful.*

Ausente, adj. m. or f. s. *absent.*

Mitigarse, r. v. *to be assuaged.*

Convertirse, irr. v. *to change.*

Placentero, adj. m. s. *pleasant.*

Regreso, n. m. s. *return.*

Pesadumbre, n. f. s. *sorrow.*

Partida, n. f. s. *departure.*

Azulado, adj. m. s. *bluish.*

Lejano, adj. m. s. *far, distant, at a distance.*

Reflejarse, *to reflect.*

Trasmontar, r. v. *to sink, or to pass the other side of the mountains.*

Occidente, n. m. s. *occident.*

Succesivamente, adv. *successively.*

Púrpura, n. f. s. *purple.*

Violeta, m. f. s. *violet.*

Encantado, adj. m. s. *enchanted.*

Fijo, adj. m. s. *fixed.*

Espontáneo, adj. m. s. *spontaneous.*

Adiós, adv. *adieu, farewell.*

Amiguito, n. m. s. *little friend.*

Cámara, n. f. s. *cabin, chamber.*

Cubierta, n. f. s. *deck.*

Aparte, adv. *apart.*

Centellear, r. v. *to sparkle, to twinkle.*

Borde, n. m. s. *edge.*

Violado, adj. m. s. *violet (color).*

Escasamente, adv. *scarcely.*

Intervalo, n. m. s. *interval.*

Esplendente, adj. m. or f. s. *resplendent.*

Santo, adj. m. s. *holy.*

Faz, n. f. s. *face.*

Saludar, r. v. *to hail, to salute.*

Extraordinario, adj. m. s. *extraordinary.*

Sencillez, n. f. s. *simplicity.*

Travesía, n. f. s. *passage.*

Ocurrir, r. v. *to happen.*

Incidente, n. m. s. *incident.*

Tempestuoso, adj. m. s. *stormy.*

Abonanzar. r. v. *to clear up.*

Apaciblemente, adv. *mildly, gently.*

Quejarse, r. v. *to complain.*

Indisposición, n. f. s. *indisposition.*

Obligado (from the r. v. *obligar,* to force, to oblige), *obliged, forced.*

Fiebre, n. f. s. *fever.*

Hacer cama (compound phrase), *to keep bed.*

Médico, n. m. s. *physician.*

Resultado, n. m. s. *result.*

Extremo, adj. m. s. *extreme, utter.*

Aflicción, n. f. s. *affliction.*

Debilitarse, r. v. *to weaken.*

Enflaquecerse, r. v. *to become emaciated.*

Devolver, irr. v. *to return.*

Prolongado, adj. m. s. *long, protracted.*

Débil, adj. m. or f. s. *faint, weak.*

Palpitación, n. f. s. *palpitation, heaving.*

Tenebroso, adj. m. s. *dark, gloomy.*

Nada, n. f. s. *nothingness.*

Persuadir, r. v. *to persuade.*

Vespertino, adj. m. s. *belonging to the evening; vesper-time.*

Refrescar, r. v. *to refresh.*

Traspuesto (from the irr. v. *trasponer,* to set, to put behind), *set.*

Resto, n. m. s. *rest, remainder, vestige, trace.*

Purpúreo, adj. m. s. *purple-colored.*

Brillantemente, adv. *brightly, brilliantly.*

Bóveda, n. f. s. *vault.*

Guirnalda, n. f. s. *wreath.*

Ciprés, n. m. s. *cypress.*

Señalar, *to point.*

Gustar, r. v. *to love, to like.*

Súbito, adj. m. s. *sudden.*

Apasionado, adj. m. s. *passionate.*

Implorar, r. v. *to implore.*

Ficción, n. f. s. *fiction.*

Moribundo, adj. m. s. *dying.*

Convulsivo, adj. m. s. *convulsive.*

Intuición, n. f. s. *intuition.*

Amargura, n. f. s. *bitterness.*

Agolparse, r. v. *to gather, to burst at once.*

Incontrastable, adj. m. or f. s. *uncontrollable.*

Cadáver, n. m. s. *corpse.*

De veras, adv. *indeed, truly.*

Súplica, n. f. s. *entreaty.*

Extinguirse, r. v. *to be extinguished.*

Moverse, irr. v. *to move.*

Hundirse, r. v. *to sink.*

Despacio, adv. *slowly.*

Marchitarse, r. v. *to wither, to fade.*

Incoherente, adj. m. or f. s. *incoherent.*

Solitario, adj. m. s. *solitary.*

Amargamente, adv. *bitterly.*

Restituirse, r. v. *to be restituted, to return.*

LESSON XLIII.

Flor de pasión (compound phrase), *passion-flower.*

Grupo, n. m. s. *group.*

Palmera, n. f. s. *palm-tree.*

Vega (Cubanism), *tobacco-plantation;* it otherwise means "*a meadow,*" "*a plain.*"

Cañaveral, n. m. s. *sugar-cane field.*

Campiña, n. f. s. *field, meadow.*
Tropical, adj. m. *or* f. s. *tropical.*
Lucir, r. v. *to shine.*
Brotar, r. v. *to grow, to come forth.*
Lozano, adj. m. s. *luxuriant.*
Índico, adj. m. s. *Indian.*
Pétalo, n. m. s. *petal, flower-leaf.*
De nácar (compound phrase), *pearl-like.*
Corola, n. f. s. *corolla, the inner covering of a flower.*
Cáliz, n. f. s. *chalice, the cell, or cup of a flower.*
Olor, n. m. s. *odor.*
Terral, n. m. s. *land-breeze.*
Soplo, n. m. s. *gust.*
Remecer, irr. v. *to rock.*
Halagar, r. v. *to caress.*
Sunsún (a Cubanism), *humming-bird.*
Embriagarse, r. v. *to be inebriated.*
Durar, r. v. *to last.*
Sierra, n. f. s. *ridge of mountains.*
Arrastrar, r. v. *to drag along.*
Seiba (*name of a large and majestic tree peculiar to Cuba*).
Coger, r. v. *to gather.*

LESSON XLIV.

Elevación, n. f. s. *elevation.*
Permanente, adj. m. *or* f. s. *permanent.*
Presente, adj. m. *or* f. s. *present.*
Respetar, r. v. *to respect.*
Prenda, n. f. s. *acquirement, accomplishment.*
Literario, adj. m. s. *literary.*
Sexo, n. m. s. *sex.*
Pedantería, n. f. s. *pedantry.*
Tachar, r. v. *to stigmatize.*
Incompatible, adj. m. *or* f. s. *inconsistent.*
Leer, r. v. *to read.*
Homilía, n. f. s. *homily.*
Amable, adj. m. *or* f. s. *amiable.*
Sentimental, adj. m. *or* f. s. *sentimental.*
Mansedumbre, n. f. s. *gentleness.*
Rendido, adj. m. s. *submissive.*

Obediencia, n. f. s. *obedience.*
Saber, n. m. s. *knowledge.*
Pecado, n. m. s. *sin.*
Ignorancia. n. f. s. *ignorance.*
Guardián, n. m. s. *guardian.*
Carácter, n. m. s. *character.*
Devoción, n. f. s. *devotion.*
Abuso, n. m. s. *abuse.*
Enseñar, r. v. *to teach, to instruct.*
Derecho, n. m. s. *privilege.*
Empresa, n. f. s. *undertaking, pursuit.*
Deleite, n. m. s. *delight.*
Transmitir, r. v. *to transmit, to communicate.*
Ilustrado, adj. m. s. *enlightened.*
Estudio, n. m. s. *study.*
Fastidio, n. m. s. *listlessness, fastidiousness.*
Preocupación, n. f. s. *prejudice.*
Atacar, r. v. *to attack.*
Ceder, r. v. *to yield.*
Influencia, n. f. s. *influence.*
Seguro, adj. m. s. *sure.*
Femenino, adj. m. s. *female.*
Temerse, r. v. *to be feared.*
Cultura, n. f. s. *culture.*
Ciencia, n. f. s. *science.*
Engendrar, r. v. *to foster, to beget.*
Osadía, n. f. s. *boldness.*
Inquieto, adj. m. s. *restless.*
Alarmar, r. v. *to alarm.*
Herir, irr. v. *to wound.*
Volubilidad, n. f. s. *volubility, inconsistency.*
Favorable, adj. m. *or* f. s. *favorable.*
Refinamiento, n. m. s. *refinement.*
Añadir, r. v. *to add.*
Lustre, n. m. s. *lustre, brightness.*
Piedad, n. f. s. *piety.*
Instrucción, n. f. s. *instruction.*
Modesto, adj. m. s. *modest.*
Ostentación, n. f. s. *ostentation.*
Modales, n. m. pl. *manners.*
Pulimento, n. m. s. *polish.*
Disciplina, n. f. s. *discipline.*
Arrojar, r. v. *to cast, to throw.*
Á semejanza, adv. *like.*
Femenil, adj. m. *or* f. s. *female.*
Homenaje, n. m. s. *homage.*
Literatura, n. f. s. *literature.*
Ruborizarse, r. v. *to blush.*

Vergonzoso, adj. m. s. *shameful.*
Orgullo, n. m. s. *pride.*
Inflamarse, r. v. *to be inflamed, to glow.*
Retiro, n. m. s. *retirement.*
Visitar, r. v. *to visit.*
Bullicioso, adj. m. s. *boisterous.*
Capacidad, n. f. s. *capacity.*
Lidiar, r. v. *to struggle.*
Opresión, n. f. s. *oppression.*
Sacrificio, n. m. s. *sacrifice.*
Dignidad, n. f. s. *dignity.*
Modestia, n. f. s. *modesty.*
Aspirar, r. v. *to aspire.*
Exclusivo, adj. m. s. *exclusive.*
Preeminencia, n. f. s. *pre-eminence.*
Asociado, n. m. s. *associate.*
Venerable, adj. m. *or* f. s. *venerable.*
Erudición, n. f. s. *learning.*
Ana, n. *Ann, Anna.*
Persuasivo, adj. m. s. *persuasive.*
Señora, n. f. s. *mistress, lady.*
Sobrina, n. f. s. *niece.*
Encantador, adj. m. s. *charming.*
Madama, n. f. s. *madam.*
Felicia, n. *Felicia.*
Sin par (compound phrase), *matchless.*
Ingenio, n. m. s. *wit, talent.*
Habilidad, n. f. s. *ability.*
Práctico, adj. m. s. *practical.*
Señorita, n. f. s. *miss, young lady.*

LESSON XLV.

Por qué, conj. *why?*
Alelí, n. m. s. *gilliflower.*
Poéticamente, adv. *poetically.*
Luto, n. m. s. *mourning.*
Vestir, irr. v. *to clothe, to dress.*
Callado, adj. m. s. *silent.*
Suspirar, r. v. *to sigh.*
Agitarse, r. v. *to be agitated.*
Depositar, r. v. *to confide, to deposit.*
Devorar, r. v. *to devour, to consume.*
Funesto, adj. m. s. *sad.*
Costar, irr. v. *to cost.*

Nublarse, r. v. *to cloud, to darken.*
Hado, n. m. s. *fate.*
Signo, n. m. s. *fate, destiny.*
Decretar, r. v. *to decree.*
Enclavar, r. v. *to stick.*
Partir, r. v. *to divide, to share.*
Unión, n. f. s. *union.*
Celeste, adj. m. *or* f. s. *heavenly.*
Buscar, r. v. *to look for, to seek.*

LESSON XLVI.

Vencer, r. v. *to vanquish, to conquer.*
Lástima, n. f. s. *pity.*
Comedia, n. f. s. *comedy.*
Escribir, irr. v. *to write.*
Título, n. m. s. *title.*
Desenvolver, irr. v. *to develop, to unfold.*
Débil, adj. m. *or* f. s. *feeble, weak.*
Tímido, adj. m. s. *timid.*
Contrarestar, r. v. *to oppose, to check.*
Mártir, n. m. *or* f. s. *martyr.*
Ilustre, adj. m. *or* f. s. *illustrious.*
Platicar, r. v. *to talk.*
Valer, irr. v. *to be worth.*
Citar, r. v. *to quote, to mention.*
Esencial, adj. m. *or* f. s. *essential.*
Respectivo, adj. m. s. *respective.*
Biblia, n. f. s. *Bible.*
Génesis, n. *Genesis.*
Marido, n. m. s. *husband.*
Dominar, r. v. *to rule.*
Amparo, n. m. s. *support.*
Yedra, n. f. s. *ivy.*
Sumisión, n. f. s. *submission.*
Equilibrar, r. v. *to equipoise, to balance.*
Fibra, n. f. s. *fibre.*
Exquisitamente, adv. *exquisite.*
Dotar, r. v. *to endow.*
Orígen, n. m. s. *origin.*
Simplemente, adv. *singly, only.*
Deificado, adj. m. s. (from the irr. v. *deificar,* to deify), *deified.*
Apropiado, adj. m. s. *appropriated.*
Humanitario, adj. m. s. *humanitarian.*

Derivarse, r. v. *to derive.*
Acendrado, adj. m. s. *refined, immaculate.*
Puridad, n. f. s. *purity.*
Venero, n. m. s. *purity.*
Piedad, n. f. s. *piety, charity.*
Alterado, adj. m. s. *discomposed, altered.*
Semblante, n. m. s. *countenance.*
Descompuesto, adj. m. s. *discomposed.*
Inexplicable, adj. m. *or* f. s. *inexplicable.*
Desagradable, adj. m. *or* f. s. *disagreeable, unpleasant.*
Gesto, n. m. s. *face, visage.*
Destemplado, adj. m. s. *altered, unsuitable.*
Romper, r. v. *to break.*
Afear, r. v. *to deface.*
Andar, irr. v. *to walk, to march.*
Revivir, r. v. *to revive.*
Entrañas, n. f. s. *bosom, entrails.*
Inmaculado, adj. m. s. *immaculate.*
Poeta, n. m. s. *poet.*
Desamparado, adj. m. s. *forlorn, forsaken.*
Desterrado (from the irr. v. *desterrar,* to banish), *banished.*
Abuso, n. m. s. *abuse.*
Extravío, n. m. s. *disorder, wrong.*
Error, n. m. s. *error.*
Opresor, n. m. s. *oppressor.*
Brutal, adj. m. *or* f. s. *brutal.*
Rechazar, r. v. *to repel, to repulse.*
Resorte, n. m. s. *spring* (in figurative language).
Empedernido, adj. m. s. *hardened, indurated.*
Entraña, n. f. s. *entrail, heart.*
Deponer, irr. v. *to lay aside.*
Justo, adj. m. s. *just.*
Resignado, adj. m. s. *resigned, submissive.*
Violencia, n. f. s. *violence, roughness.*
Injusticia, n. f. s. *injustice.*
Oponer, irr. v. *to oppose.*
Vergüenza, n. f. s. *shame.*
Temor, n. m. s. *fear.*
Tribulación, n. f. s. *affliction, tribulation.*

LESSON XLVII.

Arder, r. v. *to burn.*
Inclinar, r. v. *to droop, to bend.*
Dédalo, n. *Dedalus* (*the labyrinth*).
Doler, irr. v. *to ache.*
Memoria, n. f. s. *memory, remembrance.*
Mustio, adj. m. s. *withered, faded.*
Secarse, r. v. *to dry.*
Sereno, adj. m. s. *serene.*
Bóreas, n. *Boreas* (*a wind*).
Burlar, r. v. *to mock.*
Avivar, r. v. *to heat, to revive.*
Engañoso, adj. m. s. *deceitful.*

LESSON XLVIII.

Abra, n. f. s. *ravine.*
Yumurí, n. *Yumuri.*
Sitio, n. m. s. *spot, place.*
Sobre todo, adv. *above all.*
Tropa, n. f. s. *troop, band.*
Travieso, adj. m. s. *playful.*
Condiscípulo, n. m. s. *schoolfellow.*
Recorrer, r. v. *to rove, to roam.*
Frecuencia, n. f. s. *frequency.*
Travesear, r. v. *to run to and fro, to sport.*
Inviolado, adj. m. s. *inviolate, unsullied.*
Doloroso, adj. m. s. *painful, sad.*
Borrado (from the r. v. *borrar,* to vanish, to blot), *vanished.*
Transparente, adj. m. *or* f. s. *transparent.*
Leve, adj. m. *or* f. s. *light.*
Gaza, n. f. s. *gauze.*
Teñirse, irr. v. *to be dyed, to be colored.*
Suavizado (from the r. v. *suavizar,* to soften), *softened.*
Media-tinta, n. f. s. *mezzotint.*
Crepúsculo, n. m. s. *twilight.*
Agreste, adj. m. *or* f. s. *wild.*
Quedar, r. v. *to remain, to stay.*
Sorprendido, adj. m. s. *surprised.*
Salvage, adj. m. *or* f. s. *savage, wild.*

Intacto, adj. m. s. *untouched.*
Primitivo, adj. m. s. *primitive.*
Habitar, r. v. *to inhabit.*
Falda, n. f. s. *skirt.*
Altura, n. f. s. *height,*
Mangle, n. m. s. *mangle, mangrove-tree.*
Termino, n. m. s. *term (plan,* speaking of a landscape, or picture*).*
Escarpado, adj. m. s. *rugged, rough.*
Loma, n. f. s. *hill.*
Desunirse, r. v. *to disunite, to part.*
Abismo, n. m. s. *abyss.*
Tributo, n. m. s. *tribute.*
Al fondo (a compound phrase), *at the bottom, at a distance.*
Alcanzar, r. v. *to reach.*
Girón, n. m. s. (figuratively), *a glimpse, a sight.*
Poético, adj. m. s. *poetical.*
Lente, n. m. s. *lens, glass.*
Panorama, n. m. s. *panorama.*
Reconocer, irr. v. *to acknowledge, to reckon.*
Realidad, n. f. s. *reality.*
Arquetipo, n. m. s. *archetype.*
Roca, n. f. s. *rock.*
Imponente, adj. m. or f. s. *imposing.*
Monte, n. m. s. *mountain.*
Pico, n. m. s. *peak.*
Verticalmente, adv. *vertically.*
Concavidad, n. f. s. *concavity, hollowness.*
•Grieta, n. f. s. *crevice, crack, cleft.*
Ángulo, n. m. s. *angle.*
Proyectar, r. v. *to project.*
Atestiguar, r. v. *to attest.*
Cataclismo, n. m. s. *deluge, cataclysm.*
Cierto, adj. m. s. *certain.*
Tradición, n. f. s. *tradition.*
Caprichoso, adj. m. s. *fantastic, whimsical, fanciful.*
Estaláctita, n. f. s. *stalactite.*
Mole, n f. s. *mole, mound.*
Centinela, n. m. or f. s. *sentinel.*
Magnífico, adj. m. s. *magnificent.*
Ojivo, adj. m. s. *ogire.*
Destacarse, r. v. *to project.*

Ennegrecido, adj. m. s. *blackened.*
Colosal, adj. m. or f. s. *colossal.*
Cocodrilo, n. m. s. *crocodile.*
Bajar, r. v. *to descend, to go,* or *to come, down.*
Lanzarse, r. v. *to rush.*
Fantástico, adj. m. s. *fantastic.*
Estéril, adj. m. s. *barren.*
Presumirse, r. v. *to be presumed, to suppose.*
Mezquino, adj. m. s. *mean, poor.*
Recto, adj. m. s. *straight.*
Desnudo, adj. m. s. *stripped, not provided with.*
Alambre, n. m. s. *wire.*
Este, n. *East.*
Accesible, adj. m. or f. s. *accessible.*
Zozobra, n. f. s. *uneasiness, anxiety, anguish.*
Desprendido, adj. m. s. *detached.*
Cresta, n. f. s. *crest, top, summit.*
Carrera, n. f. s. *career.*
Caida, n. f. s. *fall.*
Caminante, n. m. s. *traveller, walker.*
Tosco, adj. m. s. *rude, unpolished, massive.*
Marquesa, n. f. s. *marchioness, marquis.*
Subida, n. f. s. *ascent.*
Lamer, r. v. *to lick.*
Costa, n. f. s. *expense.*
Paredón, n. m. s. *thick wall.*
Meseta, n. f. s. *table-rock.*
Suelto, adj. m. s. *loose, detached.*
Docena, n. f. s. *dozen.*
Bote, n. m. s. *boat.*
Cordillera, n. f. s. *ridge.*
San Juan, n. *Saint John.*
Sosegado, adj. m. s. *gentle, soft.*
Curso, n. m. s. *course.*
Torcer, irr. v. *to turn*
Pender, r. v. *to hang.*
Engañar, r. v. *to deceive.*
Arrobar, r. v. *to enrapture.*
Suspender, r. v. *to suspend.*
Confuso, adj. m. s. *confused, unaccountable.*
Tropel, n. m. s. *hurry, bustle.*
Agolparse, r. v. *to crowd.*
Descanso, n. m. s. *rest, repose.*
Bronce, n. m. s. *bronze.*
Vecino, adj. m. s. *neighboring.*

Abstracción, n. f. s. *abstraction,*
rapture.
Encaminarse, r. v. *to take the*
road.

LESSON XLIX.

Veste, n. f. s. *robe.*
Despuntar, r. v. *to appear, to*
break.
Ciervo, n. m. s. *deer.*
Acosado (from the r. v. *acosar,* to
pursue close), *closely pursued.*
Inminente, adj. m. or f. s. *immi-*
nent.
Rapidez, n. f. s. *rapidity.*
Vasto, adj. m. s. *vast.*
Punto, n. m. s. *point, speck.*
Escalera, n. f. s. *scale; stair, a*
flight of steps.
Peñascoso, adj. m. s. *rocky.*
Subir, r. v. *to ascend.*
Papel, n. m. s. *paper.*
Partida, n. f. s. *party, band.*
Lobo, n. m. s. *wolf.*
Huella, n. f. s. *track, footstep.*
Ahinco, n. m. s. *eagerness.*
Caracterizar, r. v. *to characterize.*
Delantera, n. f. s. *front, lead, van-*
guard.
Nariz, n. f. s. *nose.*
En derechura (compound
phrase), *right on, directly.*
Determinación, n. f. s. *determina-*
tion, resolution.
Expresar, r. v. *to express.*
Seguridad, n. f. s. *security, safety.*
Resolución, n. f. s. *resolution.*
Confianza, n. f. s. *confidence, trust.*
Sugerir, irr. v. *to suggest.*
Turbado (from the r. v. *turbar,*
to disturb), *disturbed.*
Encontrado, adj. m. s. *encounter-*
ing, struggling, stormy.
Arrojado (from the r. v. *arrojar,*
to throw, to cast), *thrown.*
Presenciar, r. v. *to witness.*
Compra, n. f. s. *purchase, buying.*
Venta, n. f. s. *sale, selling.*
Deudor, n. m. s. *debtor.*
Hambriento, adj. m. s. *hungry.*
Alguacil, n. m. s. *constable.*
Secta, n. f. s. *sect.*

Diversidad, n. f. s. *diversity.*
Cuáquero, n. m. s. *quaker.*
No-combatividad, n. f. s. *non-*
combativeness.
Guillermo, n. *William.*
Prototipo, n. m. s. *prototype.*
Malicia, n. f. s. *maliciousness,*
wickedness.
Capricho, n. m. s. *caprice, fancy.*
Tras, adv. *after, behind.*
Aullido, n. m. s. *howling, yelling.*
Atravesar, irr. v. *to cross.*
Montón, n. m. s. *heap, pile.*
Situado (from the r. v. *situar,* to
lie, to be situated), *lying.*
Infatigable, adj. m. or f. s. *inde-*
fatigable, unwearied.
Perseguidor, n. m. s. *persecutor.*
Exánime, adj. m. or f. s. *exhausted.*
De cerca, adv. *close, nearly,*
Presa, n. f. s. *prey.*
Salto, n. m. s. *leap.*
Vacilante, adj. m. or f. s. *faltering.*
Cruzar, r. v. *to cross.*
Arroyuelo, n. m. s. *a small brook,*
a rill.
Faltar, r. v. *to falter.*
Pierna, n. f. s. *leg.*
Garra, n. f. s. *paw.*
Cuello, n. m. s. *neck, throat.*

LESSON L.

Deslizarse, r. v. *to glide.*
Rizar, r. v. *to curl, to frizzle.*
Arrullador, adj. m. s. *lulling.*
Confundirse, r. v. *to be confounded.*
Misteriosamente, adv. *mysteri-*
ously.
Revolotear, r. v. *to flutter.*
Solibio, *name of a Cuban bird.*
Silbar, r. v. *to hiss.*
Sijú (name of a Cuban bird, *falco*).
Monte, n. m. s. *wood.*
Cocuyo (a Cubanism), *fire-fly.*
Conversación, n. f. s. *conversation,*
prattling.
Convenirse, irr. v. *to agree, to*
match.
Asomarse, r. v. *to appear.*
Palma, n. f. s. *palm-tree.*
Bogar, r. v. *to row.*

OLLENDORFF'S METHOD OF LEARNING TO READ, WRITE, AND SPEAK THE SPANISH LANGUAGE. With an Appendix containing a Brief but Comprehensive Recapitulation of the Rules, as well as of all the Verbs, both Regular and Irregular, so as to render their Use Easy and Familiar to the Most Ordinary Capacity. Together with Practical Rules for the Spanish Pronunciation, and Models of Social and Commercial Correspondence. The whole designed for Young Learners and Persons who are their own Instructors. By M. VELÁZQUEZ and T. SIMONNÉ. 12mo. Cloth, $1.00. Key to Exercises in Method, 50 cents.

The superiority of Ollendorff's Method is now universally acknowledged. Divested of the abstractedness of grammar, it contains, however, all its elements; but it develops them so gradually, and in so simple a manner, as to render them intelligible to the most ordinary capacity. It is hardly possible to go through this book with any degree of application without becoming thoroughly conversant with the colloquial, idiomatic, and classic use of Spanish.

MERCANTILE DICTIONARY. A Complete Vocabulary of the Technicalities of Commercial Correspondence, Names of Articles of Trade, and Marine Terms in English, Spanish, and French; with Geographical Names, Business Letters, and Tables of the Abbreviations in Common Use in the Three Languages. By I. DE VEITELLE. 12mo. Cloth, $1.50.

An indispensable book for commercial correspondents. It contains a variety of names applied to various articles of trade in Cuba and South America, not found in other dictionaries.

A DICTIONARY OF THE SPANISH AND ENGLISH LANGUAGES. Containing the latest Scientific, Military, Commercial, Technical, and Nautical Terms. Based upon Velázquez's unabridged edition. 32mo. Cloth, $1.00.

This Dictionary, which is of a convenient size for the pocket, has proved very popular, and will be found an excellent lexicon for the traveler's handy reference.

THE MASTERY SERIES. Manual for Learning Spanish. By THOMAS PRENDERGAST, author of "The Mastery of Languages," "Handbook of the Mastery Series," etc. Third edition, revised and corrected. 12mo. Cloth, 45 cents.

The fundamental law of the Mastery Series is, that the memory shall never be overcharged, and economy of time and labor is secured by the exclusion of all that is superfluous and irrelevant.

D. APPLETON AND COMPANY, NEW YORK.

*T*HE COMBINED SPANISH METHOD. A New Practical and Theoretical System of Learning the Castilian Language, embracing the Most Advantageous Features of the Best Known Methods. With a Pronouncing Vocabulary containing all the Words used in the course of the Work, and References to the Lessons in which each one is explained, thus enabling any one to be his own Instructor. By ALBERTO DE TORNOS, A. M., formerly Director of Normal Schools in Spain, and Teacher of Spanish in the New York Mercantile Library., New York Evening High School, and the Polytechnic and Packer Institutes, Brooklyn. 12mo. Cloth, $1.25. Key to Combined Spanish Method, 75 cents.

The author has successfully combined the best in the various popular systems, discarding the theories which have failed, and produced a work which is eminently practical, logical, concise, and easily comprehended. The unprecedented sale which this book has had, and its steadily increasing popularity as a text-book, mark this as the leading Spanish method book now published.

*T*HE SPANISH TEACHER AND COLLOQUIAL PHRASE BOOK. An Easy and Agreeable Method of Acquiring a Speaking Knowledge of the Spanish Language. By FRANCIS BUTLER, Teacher and Translator of Languages. New edition, revised and arranged according to the Rules of the Spanish Academy, by Herman Ritter. 18mo. Cloth, 50 cents.

The large sale and continued popularity of this work attest its merit.

*T*HE SPANISH PHRASE BOOK ; or, Key to Spanish Conversation. Containing the Chief Idioms of the Spanish Language, with the Conjugations of the Auxiliary and Regular Verbs. On the plan of the late Abbé Bossut. By E. M. DE BELEM, Teacher of Languages. 18mo. Cloth, 30 cents.

This little book contains nearly eight hundred sentences and dialogues on all common occurrences. It has been the aim of the compiler to insert nothing but what will really meet the ear of every one who visits Spain or associates with Spaniards.

A GRAMMAR OF THE SPANISH LANGUAGE. With a History of the Language and Practical Exercises. By M. SCHELE DE VERE, of the University of Virginia. 12mo. Cloth, $1.00.

This book is the result of many years' experience in teaching Spanish in the University of Virginia. It contains more of the etymology and history of the Spanish language than is usually contained in a grammar.

D. APPLETON AND COMPANY, NEW YORK.

SEOANE'S NEUMAN AND BARETTI SPANISH DICTIONARY.

A Pronouncing Dictionary of the Spanish and English Languages, with the addition of more than 8,000 Words, Idioms, and Familiar Phrases. In Two Parts: I, Spanish-English; II, English-Spanish. 1310 pages. By MARIANO VELÁZQUEZ DE LA CADENA. Large 8vo. Cloth, $5 00.

Velázquez's Dictionary, composed from the Spanish dictionaries of the Spanish Academy, Terreros, and Salvá, and from the English dictionaries of Webster, Worcester, and Walker, is universally recognized as the standard dictionary of the Spanish language. A unique and valuable feature of this dictionary is that it contains many Spanish words used only in those countries of America which were formerly dependencies of Spain.

SEOANE'S NEUMAN AND BARETTI SPANISH DICTIONARY.

Abridged by VELÁZQUEZ. A Dictionary of the Spanish and English Languages, abridged from the author's larger work. 847 pages. 12mo. Cloth, $1.50.

This abridgment of Velázquez's Spanish Dictionary will be found very serviceable for younger scholars, travelers, and men of business. It contains a great number of words belonging to articles of commerce and the natural productions of the Spanish-American republics, together with many idioms and provincialisms not to be found in any other work of this kind.

PRACTICAL METHOD TO LEARN SPANISH.

With a Vocabulary and Easy Exercises for Translation into English. By A. RAMOS DIAZ DE VILLEGAS. 12mo. Cloth, 50 cents.

This work is based upon the natural method of acquiring a knowledge of a language. The exercises are progressively arranged in parallel columns, English and Spanish, and present to the student a practical and simple method of learning the Spanish language.

SPANISH-AND-ENGLISH DICTIONARY.

In Two Parts. I, Spanish and English; II, English and Spanish. By T. C. MEADOWS, M. A., of the University of Paris. 18mo. Half roan, $2.00.

This Dictionary comprehends all the Spanish words, with their proper accents and every noun with its gender.

D. APPLETON AND COMPANY, NEW YORK.

CPSIA information can be obtained
at www.ICGtesting.com
Printed in the USA
BVHW091209191118
533510BV00009B/761/P

9 780332 448770